AF305498

LETTRES D'ÉRUDITION & DE CRITIQUE

ADRESSÉES PAR

M. L'ABBÉ P. LANGLOIS

Auteur de l'Histoire du Mont-aux-Malades

A M. L'ABBÉ COCHET

PUBLIÉES PAR

L'ABBÉ A. TOUGARD.

DIEPPE

IMPRIMERIE PAUL LEPRÊTRE & Cie,
133, Grande-Rue, 133.

1880.

À Monsieur Leopold Delisle,
les dernières pages d'un homme dont il a
daigné estimer les écrits.

Hommage de l'Éditeur,

A. Vingtrinier
Dr
11 Octobre 1890

LETTRES D'ÉRUDITION & DE CRITIQUE

ADRESSÉES PAR

M. L'ABBÉ P. LANGLOIS

Auteur de *l'Histoire du Mont-aux-Malades*

A M. L'ABBÉ COCHET

PUBLIÉES PAR

L'ABBÉ A. TOUGARD.

DIEPPE

IMPRIMERIE PAUL LEPRÊTRE & Cie,

133, Grande-Rue, 133.

—

1880.

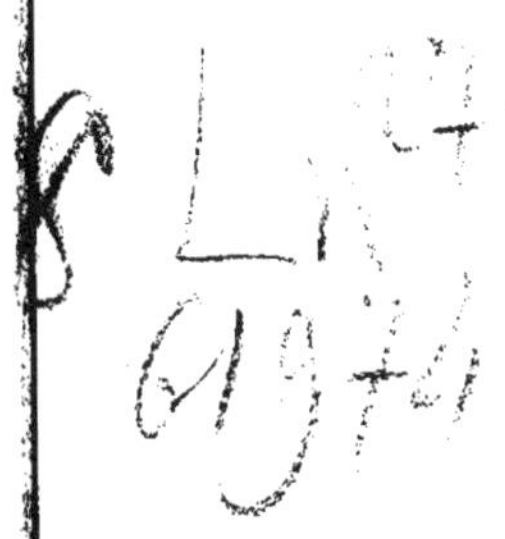

INTRODUCTION

I.

*Le dimanche 18 avril 1875, M. l'abbé Cochet visita pour la dernière
fois le Petit-Séminaire. La maladie qui devait l'emporter quelques
semaines plus tard, l'avait profondément affaibli. Il voulut se
reposer, et entra dans cette* Grande Etude, *dès lors déserte, où
quarante-cinq ans auparavant il avait sa place parmi les élèves
de seconde.*

*Ce fut là qu'il vint à parler de ses relations épistolaires avec
son ancien condisciple et ami, M. l'abbé Langlois. Longtemps ils
s'étaient écrit à peu près chaque semaine. De cette volumineuse
correspondance l'abbé Cochet avait soigneusement conservé les
lettres archéologiques, dont il faisait grand cas; il cita même sur
l'heure un fragment de la première lettre de son recueil.*

*Je me promis bien à la prochaine promenade que je ferais à
Dieppe, de prier l'abbé Cochet de me communiquer cette collection.
J'avais même sur elle certaine arrière-pensée que l'on devinera
aisément. Hélas! la mort ruina tous mes plans, et m'ôta jusqu'à
l'espérance de connaître jamais ces pages intéressantes. Cette dé-
ception rendit plus agréable la surprise de les voir entrer dans
la bibliothèque du Petit-Séminaire, le 17 mars dernier.*

*Ces lettres, aujourd'hui reliées en un volume, sont de format
in-4° et in-8°, et au nombre de quarante-huit. Elles contiennent
218 pages d'écriture, sont précédées de cinq billets autographes de
Mgr Blanquart de Bailleul à l'abbé Langlois (billets que le Petit-
Séminaire possédait depuis quelques années), et sont suivies des
lettres de MM. Delalonde, Brianchon et Colas à l'abbé Cochet, sur
la mort de son intime ami.*

*Les quarante et une premières lettres de l'abbé Langlois furent
écrites au Mont-aux-Malades, de 1840 à 1842. La correspondance
s'interrompit brusquement, parce que l'abbé Cochet fut alors*

nommé aumônier du Collège de Rouen. Les six dernières lettres, écrites à Rouen, datent de 1855 et 1856.

Un vrai savant, l'aimable M. Michel Hardy, qui avait parcouru ces lettres, écrivait naguère que plusieurs d'entre elles méritaient d'être imprimées. Une dizaine de pages eussent suffi à publier ce qui pouvait intéresser la science. Mais la science, chose un peu abstraite et assez froide, doit le céder à l'affection. Bien que la mort ait singulièrement éclairci leurs rangs, les amis de M. Langlois sont encore nombreux parmi nous. Les prêtres qui furent ses condisciples, ou ses collègues dans le professorat, ou ses élèves, ne parlent de lui qu'avec estime. C'est pour eux surtout qu'a été entreprise cette publication, qui va les rajeunir de quarante années et dont les allusions, obscures pour nous, leur rappelleront les jours les meilleurs de leur vie. Oui, c'est à eux tous que j'offre ces pages où plusieurs sont désignés et même nommés ; je jouis par avance du plaisir imprévu qu'ils vont goûter en écoutant avidement après plus de vingt ans de silence et par delà le tombeau, cette voix qui leur fut chère, cette parole toujours savante et concise, car M. Langlois aimait le laconisme et le portait parfois jusqu'à l'extrême, comme dans cette note : « Un tel a des moyens, s'en sert. » D'un mot il juge un homme. Appréciant les Essais de Noël de la Morinière, il se contente de dire (9 Juin 1841) « qu'il soit écrivain élégant, poète, si l'on veut : mais historien, jamais ! »

Ce sera toujours la même autorité dans l'affirmation, mais avec une verve et une liberté d'allures que peu de personnes lui ont connues, et que la lettre justifie pleinement. Il n'y dédaigne pas les plus hardies joyeusetés de langage : « Je t'expédie en bateau par la route d'Yvetot, » s'écrie-t-il le 8 mai 1840. Ailleurs, il crée le verbe domquichotter, ou même accueille du pur cauchois, comme liméro, na ! vla. Tous ces mots sont empruntés à des morceaux qui ne sont point reproduits ici. Il en est d'autres devant lesquels la plume de l'éditeur s'est arrêtée, en laissant une lacune sans jamais se permettre une modification. Une seule lettre, celle du 22 janvier 1842, a été entièrement omise, comme insignifiante.

Les trop rares survivants qui furent ses confrères à l'Académie et à la Commission des Antiquités feuilletteront ces pages avec le même intérêt que ses amis dans le sacerdoce. Les uns et les autres y apprécieront mieux le mérite éminent de l'abbé Langlois.

II.

Pour apprécier exactement la valeur d'un homme, il ne suffit pas de bien connaître ses ouvrages ; il faut encore étudier son influence sur les personnes et sur les choses au milieu desquelles il a vécu.

Les publications de l'abbé Langlois sont peu considérables, puisqu'elles équivalent à deux modestes in-8° ordinaires. Mais si l'on songe que ces 900 pages ont été éditées en six ans, et par un auteur valétudinaire, que ce sont des travaux de première main, savamment coordonnés, et sur des points obscurs ou absolument inconnus, peut-être se demandera-t-on si, dans ce siècle, aucun prêtre rouennais mérita mieux de la science et fit plus d'honneur au clergé.

Le professorat tient dans la vie de M. Langlois une place importante : il n'occupa que quelques mois (1831-1832) les chaires de 6me et de 4me ; mais il fit quatre ans la 3me, puis un an et demi la seconde (1836-1837), et enfin fut chargé durant neuf années de la surveillance des études et du cours d'histoire en rhétorique et en seconde. A cette période de la maturité de son enseignement appartiennent nos lettres. Cette époque de sa vie fut la plus fructueuse : car le diocèse de Rouen lui doit quantité de prêtres éclairés sur les questions d'art et d'ecclésiologie.

Mais là ne se borne pas l'œuvre personnelle du laborieux professeur. On va voir ici comment il avait voué les premiers de ses studieux loisirs à l'abbaye de Fécamp, et l'on conviendra sans peine que s'il en eût écrit l'histoire, il aurait fait beaucoup mieux que tout ce qui a été publié sur Fécamp. Montivilliers et le Valasse l'occupèrent aussi quelque temps, et je ne doute point que son initiative n'ait pourvu ces abbayes des consciencieux historiens qui en scrutent le passé depuis longues années.

Cette correspondance nous révèle la grande influence de l'abbé Langlois sur ce qui l'entoure. Et toutefois, il évite de se produire par modestie surtout, mais aussi par prudence. « Nous ne pouvons pas aller plus vite que les supérieurs, disait-il en 1841, moi surtout qui suis dans leurs mains et sous leurs yeux. » A cette époque, se faire publiciste, pour un prêtre c'était presque déroger. Arrêté par des difficultés matérielles et morales il vit néanmoins s'accomplir ses désirs les plus ardents : l'établissement d'un cours d'archéologie au Petit-Séminaire, et la restauration de l'église du Mont-aux-Malades.

Mais c'est principalement sur l'abbé Cochet que l'action de M. Langlois fut efficace et profonde; que d'éléments de travail il lui mit en main ! Il lui donne l'idée, le fond et même la forme de la Notice sur D. Fillastre, *l'un des meilleurs opuscules de l'illustre archéologue; il lui fournit jusqu'aux moyens de l'imprimer, et va enrôlant des souscripteurs. Une douzaine de ses lettres font tout l'historique de cette publication substantielle.*

Bien plus, il le met en rapport avec la rédaction de la Revue de Rouen, *et, en s'effaçant lui-même, il fait de son ardent ami l'un des plus zélés collaborateurs de ce savant journal. Grâce à l'obscur travailleur du Mont-aux-Malades, l'abbé Cochet acquiert ainsi une notoriété qui lui ouvrira quelques mois plus tard les portes de l'Académie de Rouen. Et quand les premières phrases de son discours de réception excusent le clergé de n'être point à la hauteur de la mission archéologique et restauratrice que sa situation lui impose, il semble que les douloureuses sorties de l'abbé Langlois à ce sujet lui aient suggéré cette défense. On retrouvera aussi dans ces lettres quelques-unes des idées émises par l'abbé Cochet dans ses notes nécrologiques sur Fallue et Deville.*

Tantôt c'est un fragment de l'Itinéraire d'Antonin que M. Langlois copie à Rouen pour le futur explorateur de nos voies romaines ; il le met en garde sur cette question épineuse et y accumule les documents. Tantôt ce sont de vieux parchemins qu'il s'emploie de son mieux à déchiffrer pour le vicaire de Saint-Remi: car il était devenu, à ses risques et labeurs, un vaillant paléographe.

Puis il transcrit pour l'historien des Eglises du Havre et de Dieppe *de longs morceaux du Pouillé d'Eudes Rigaud, par exemple les cantons de Valmont et de Saint-Romain, et quelques paroisses de ceux de la Chrétienté, Brachy, Envermeu et Longueville; il ne reculait pas devant l'idée de tout copier. Enfin, l'un des premiers après l'abbé Cochet, il fait ce que j'appellerais volontiers de l'archéologie opératoire, dans cette fouille du bois des Loges dont on lira plus loin l'amusant procès-verbal.*

Mais où l'abbé Cochet ressentit utilement l'influence de son ami, ce fut surtout dans la composition historique. Mentor affectionné et même admiratif, mais franc et ferme, le grave professeur ne passe sur rien. Le plan, les sources, les preuves, il discute tout avec un lumineux bon sens. Une seule phrase inexacte ne trouve pas grâce devant lui ; loin de là, il s'arme en guerre et la charge à fond, comme s'il s'agissait de réfuter un volume. Tous ces monitoires avaient une opportunité spéciale. Même aux derniers jours de sa vie, l'abbé Cochet avouait encore son penchant à donner en histoire une large place à l'hypothèse ; et, sous sa plume, une vaste érudition et une puissante critique eussent porté la vraisemblance jusqu'à la probabilité. Quel service ne lui rendit donc pas l'homme éclairé qui empêcha peut-être ses notices historiques de n'être que de l'histoire romanesque !

Le mérite de l'abbé Langlois, tel qu'il ressort de cette correspondance, ne paraît pas avoir été dignement apprécié. Sa mort fut à peine signalée par la presse locale. M. l'abbé Cochet écrivit une touchante biographie. Mais, j'oserai le dire, dans cette note tirée à près de 250 exemplaires, l'éminent narrateur n'a pas mis en œuvre tous les matériaux que lui offrait la collection imprimée ici.

M. Langlois s'est plaisamment avisé un jour de se souhaiter un mausolée gothique. Sans pierres ni ogives, j'ai voulu répondre à ce souhait en publiant ces lettres, et je me suis hâté : car, encore quelques années, et ceux qui applaudiront le plus à cet hommage auront rejoint dans la tombe leur maître ou leur ami.

III.

Malgré son humilité et son horreur de l'éclat, l'abbé Langlois a été honoré d'un triple éloge, unique chacun en son genre. Ces éloges sont à peu près inconnus : car deux d'entre eux sont inédits et le troisième est perdu dans un gros volume peu commun. Par leur brièveté même, plus éloquente que les vulgaires panégyriques, ils sont bien dans le style de leur héros. Qu'ils ornent donc, comme trois fleurons de haut prix, le frontispice de notre indigne monument.

Dans un poème latin devenu célèbre (son Carmen pœnitentiæ*), M. le doyen de Sainte-Marie du Havre a dit (au vers 59) : Sciens Langlosius, comme si notre chanoine eût personnifié en lui seul* *la doctrine, si vaste pourtant et si éminente, du clergé métropolitain.*

E. Frère termine son article Langlois (l'abbé) *par cette remarque qu'on ne retrouve nulle part ailleurs dans son* Manuel : « A l'exemple des anciens bénédictins, M. Langlois joint une grande modestie à un grand savoir. »

Le dernier hommage, plus éclatant et plus officiel, est dû à M. l'abbé Cochet. C'est l'inscription commémorative qu'il fit placer, dès 1861, avec le concours et les fonds de l'administration départementale et l'autorisation archiépiscopale :

DANS CETTE ÉGLISE DE SAINT-MARTIN DU TILLEUL ONT ÉTÉ BAPTISÉS, LE 27 DÉCEMBRE 1632, GUILLAUME FILLASTRE, SAVANT BÉNÉDICTIN DE FÉCAMP, DÉCÉDÉ LE 6 DÉCEMBRE 1706 ; ET, LE 18 JANVIER 1808, PIERRE-LAURENT LANGLOIS, CHANOINE HONORAIRE, DIRECTEUR DE LA MAÎTRISE DE L'ÉGLISE MÉTROPOLITAINE DE ROUEN, AUTEUR D'UNE *Histoire du prieuré du Mont-aux-Malades*, ET DE PLUSIEURS AUTRES DOCTES ÉCRITS, DÉCÉDÉ A QUEVILLY, LE 29 DÉCEMBRE 1859. PRIEZ DIEU POUR EUX.

Mont-aux-Malades, le 20 juillet 1880.

CORRESPONDANCE

I.

7 Janvier 1840. — ... Connais-tu des *Esquisses historiques sur Fécamp*, brochure in-18 d'un *César Marette*, habitant de Clères. Il te cite plusieurs fois avec éloge. Cet homme, on le voit bien, ne chérit pas ce qui porte calotte ou capuchon ; et il ne pousse pas le moindre soupir, quand il lui faut raconter quelque anecdote peu honorable aux moines de Fécamp. Toutefois sa brochure n'est pas sans quelque mérite : elle me parait supposer des recherches et une assez vaste lecture. Dis-moi si tu ne l'as pas : je te l'enverrai.

Tu es peut-être étonné que je m'occupe d'histoire locale et quasi d'antiquités. C'est que nous avons eu pour prédicateur de notre retraite au Petit-Séminaire un jésuite de Paris qui a allumé en moi une légère soif d'archéologie. Lui, il a couru l'Italie pendant plusieurs années, et fait des missions en France pendant dix ans ; en venant chez nous, il arrivait de Bourges où, pendant deux mois, il a relevé les quatre mille et quelque panneaux de vitrerie de la Cathédrale, dressant des échafaudages devant chaque verrière, ce qui lui a coûté 1,800 fr. Ma foi ! je ne serai jamais qu'un âne d'archéologue, mais je m'en occupe un tant soit peu ; mieux vaut en savoir quelque chose que de n'y rien connaître. La partie de notre prédicateur est surtout la peinture sur verre, sur laquelle il doit bientôt publier un ouvrage. Il a deviné dans la Cathédrale une verrière sur laquelle H. Langlois avoue son ignorance. C'est merveille de voir son savoir et sa modestie. Il est de la grande société de M. de Caumont, de Caen, et a siégé à une séance des Antiquaires qui se tenait, je crois, à Amiens.

II.

24 Février 1840. — ... J'étudie les monuments à ma manière. J'examine vitraux, sculptures, tombeaux, voûtes, etc., etc.; et.

comme il faut que je me promène pour ma patraque de santé,
je reviens vingt fois au même lieu : je compare, j'étudie, je fais
mes remarques à ma manière. Je découvre toujours quelque
chose de nouveau, et mon admiration et mon amour vont toujours
croissant pour les magnifiques monuments de l'art chrétien.

Quand, travaillant de la sorte, je serai au bout de ma science,
alors je prendrai en main les livres des maîtres, de Caumont, etc.,
et je rectifierai sur leurs principes les erreurs nombreuses dans
lesquelles je n'aurai pas manqué de tomber. Il me semble qu'en
me familiarisant ainsi avec l'étude et la vue des monuments à
ma manière, tant bien que mal, je saisirai ensuite beaucoup plus
rapidement les principes des auteurs.

J'ai pourtant fait quelques lectures : M. Deville, sur Saint-
Georges ; M. H. Langlois, sur Saint-Wandrille ; M. Deshayes, sur
Jumiéges, etc. Celui-ci est un écrivain plat et ignorant, qui n'eût
jamais dû imprimer. MM. Langlois et Deville lui sont infiniment
supérieurs. Comme le premier est noble et solennel dans son
introduction à l'*Histoire de Saint-Wandrille !* Le second est bien
inférieur comme observateur... Une chose me pèse, après avoir
lu MM. Deville et Langlois : ils nous font l'histoire des murailles
du monastère, et non du monastère lui-même. Rien sur les
mœurs, les réformes, les études monastiques, etc.; rien sur les
belles vertus qui ont fait la gloire des déserts, avant que l'ambi-
tion et la richesse y eussent pénétré (1). Travail d'artiste que
toutes ces histoires, et non travail d'historien !

Une chose me pèse encore plus : c'est que ce soient des hommes
souvent sans christianisme qui défendent et réhabilitent les monuments chrétiens, qui les sauvent de l'injure du temps et des
badigeonneurs, tandis que le clergé leur en laisse toute la gloire,
dit avec dédain que leurs études ne sont qu'une mode et une manie, et les traite presque avec la même froideur que s'ils étaient des
démolisseurs de 93. Leur retour à la religion peut être futile, mais
je le crois sincère : pourquoi ne pas louer, seconder ce mouve-
ment ?

... X. me disait dernièrement qu'il mettrait dans les litanies :
'*Ab antiquariis libera nos, Domine;* vraie prière de Vandale ! Celui-là
barbouille ses chapelles de peinture à l'huile, y plaque des dorures
éblouissantes, et met ces monuments vénérables de l'antiquité

chrétienne en état de lutter de fraîcheur avec les plus jolis cafés de Rouen.

Qu'est-ce que ce M. Fallue, dont tu me parles? Qu'est-ce que son histoire de Fécamp? Quand paraîtra-t-elle? S'il n'a pas de religion, il fera mal l'histoire religieuse de l'abbaye, comme nos peintres débauchés n'entendent rien à la peinture religieuse...

III.

23 *Mars* 1840. — Encore une lettre in-folio! Il est fou, il est importun, il perd l'esprit! *Frappe* tant que tu voudras, mon cher, *mais écoute!* En ce moment on démolit le chœur et la tour de l'ancienne église Saint-Jacques au Mont-aux-Malades. Pas n'est besoin de te dire que j'ai visité souvent les travailleurs. J'ai manié et remanié, tout à mon aise, colonnettes, chapiteaux, modillons.

Voyant que tous ces fragments précieux d'architecture romane tertiaire allaient être perdus, que les maçons les traitaient en maçons, que les femmes du village s'en emparaient pour servir de base à leurs cruches et autres ustensiles de cuisine, je résolus d'aller trouver M. Deville samedi dernier et de lui dire ce qui se passait au Mont-aux-Malades.

Je ne l'avais jamais vu : j'y allais au hasard, comptant que si je ne faisais pas de bien, au moins je ne ferais pas de mal. Je fus accueilli non comme un inconnu, mais traité en ami. Nous causâmes archéologie; il fut enchanté, et moi aussi. Il me fit présent de son *Histoire de Saint-Georges* (ce dont je fus fort confus), et me dit qu'il serait dimanche matin au Mont-aux-Malades.

Hier donc, de huit à dix heures, après avoir fait choix de quelques pièces qu'il achètera pour le Musée, nous visitâmes en grand détail les deux églises. Je lui montrai des inscriptions, des restes de peintures polychrômes fort bien conservés, que j'avais découverts. Nous nous reposâmes un peu devant mon feu. Je lui fis quelques petits présents,... et le voilà parti.

Il me parla de toi. Je lui dis que je venais de recevoir de toi l'*Histoire communale de Criquetot* (2). « Comment, reprit-il, ne m'a-t-il pas envoyé cela? Quand vous lui écrirez, dites-lui donc de ne pas m'oublier.... »

Assez sur ce sujet. Ce n'est pas là le pourquoi de ma lettre. J'ai bien autre chose à te dire et qui me tourmente fort depuis que tu m'as parlé pour la première fois de M. Fallue; et je m'étonne que tu ne m'aies pas demandé pourquoi je te faisais tant de questions à son sujet. C'est que, vois-tu, je te dis cela en secret de confession, en vrai secret de confession, moi et M. Fallue, nous nous sommes rencontrés sans le savoir, sur les ruines de Fécamp. Il a un ouvrage de fait, moi j'en ai les matériaux.

Mon père me berça en me racontant des histoires de cette célèbre abbaye. Depuis, je ne l'ai pas oubliée. Depuis longtemps, à mesure que je rencontrais quelque trait qui avait rapport à son histoire, je le notais. Dans des moments de loisir, j'ai fait des recherches exprès. J'ai compulsé peut-être plus de cent volumes, peut-être deux cents, je n'en sais rien; et j'ai amassé ce que Cicéron appelle *silvam rerum*. J'ai un paquet de cahiers remplis de matériaux. Il y a pourtant quelques abbés sur lesquels je n'ai rien. Je me suis aussi très peu occupé de ce qui s'est passé depuis S. Waninge jusqu'à l'arrivée des Bénédictins. Mais j'ai beaucoup travaillé sur la période écoulée entre 1000 et 1700, ce qui t'expliquera un peu la connaissance que je t'ai dit que j'avais de D. Fillastre et de ses ouvrages. La Bibliothèque de Rouen m'a fourni des renseignements précieux; et, quoique les recherches de M. Fallue soient bien plus vastes que les miennes sans doute, il est pourtant possible que j'aie découvert des documents importants qui lui sont demeurés inconnus, comme il en a sans doute trouvé beaucoup qui m'ont échappé.

Que faire en cette occurence? Décide le cas de conscience... Je n'ai qu'un désir, c'est que cette magnifique page de l'histoire diocésaine soit traitée dignement; c'est qu'un tel sujet nous soit livré un peu mieux éventré que Jumiéges. S.-Wandrille, voire même Boscherville, n'en déplaise à l'historien qui m'a fait présent de son ouvrage. Mais, avant d'avancer, réfléchissons... Si l'histoire de M. Fallue est vraiment bonne et complète, à quoi bon lui venir en aide? S'il y a beaucoup à ajouter ou à réformer, voudra-t-il reprendre son travail en sous-œuvre et ne le livrera-t-il pas au public tel qu'il est, après m'avoir tiré pièce à pièce mes notes et recherches. Réfléchis donc et écris-moi avant de rien dire. O honte !... Les grands établissements religieux, les merveilles de l'art chrétien sont appréciés, sont vantés par des laïques, des hommes sans principes religieux, des Caumont, des Laborde, des Vitet, etc. Le clergé n'écoute pas, il méprise cet hymne que des étrangers entonnent à la louange du christianisme. Qu'ils restaurent nos monuments, qu'ils les relèvent, qu'ils les sauvent des injures des siècles et des badigeonneurs, le clergé leur en abandonne toute la fatigue et toute la gloire (3).

IV.

3 *Avril* 1840. — Tu as bien tort de tant t'extasier sur ce que j'ai pu ramasser de matériaux sur Fécamp, d'être ébloui de mon soleil, de baisser pavillon devant moi, etc., etc. Tu me ferais presque dire comme le lièvre du bon La Fontaine : *Je suis donc un foudre de guerre ! Je mets l'alarme au camp.* Je te remercie beaucoup des renseignements que tu m'as donnés sur le travail de M. Fallue. Je vois qu'il embrasse beaucoup, et que, peut-être, il étreindra mal ; je soupçonne surtout que l'histoire ecclésiastique sera traitée comme par Langlois, Deville, etc...

Mon travail m'a merveilleusement servi et il me servira encore à revoir mon histoire de France, que j'ai professée pendant deux ans, à m'initier à la connaissance intime des ordres religieux, aux travaux, aux mœurs, aux réformes qu'on (?) pourrait appeler révolutions monastiques. Il m'a fait connaître une foule de savants ouvrages dont je ne connaissais que le nom. Il m'a donné une idée de l'art religieux chez nos pères, de cette série d'hommes et de choses gigantesques qui remplissent le moyen-âge, etc., etc. Je dois donc le continuer, mais je ne sais quand j'essaierai et si j'essaierai jamais à rédiger en corps d'ouvrage cette *rudis indigestaque moles.* Je vois clairement qu'il me faut encore des années avant d'avoir terminé mes recherches, et qu'il faudrait ensuite des années pour coordonner mes mémoires; en sorte que M. Fallue en sera à sa sixième édition avant que je n'aie rien d'achevé.

Je te remercie encore des renseignements que tu me donnes sur MM. Deville et Fallue. Je n'irai pas trouver ce dernier : à quoi bon ? Pour M. Deville, je te dirai que je l'avais deviné, et qu'avant ta lettre j'étais déjà en garde contre lui. Malgré sa politesse et même ses présents, on voit en lui quelque chose de malin et de réservé : on dirait qu'il veut exploiter les gens (4). Je ne lui tournerai pourtant pas le dos : ce serait impoli. Il m'a offert de me faire voir les archives et les mémoires du Mont-aux-Malades qui sont, parmi tant d'autres, au dépôt de la Préfecture. J'en profiterai volontiers, d'autant plus que je suis fatigué de marcher dans notre maison sur les antiquités et l'histoire, sans les connaître et les faire connaître, au moins dans le Petit-Séminaire. Il n'y a pas que Jumiéges, Fécamp, etc., qui méritent d'être connus. Est-ce qu'un pauvre prieuré, un pauvre village ne peut pas aussi cacher quelquefois de précieuses réminiscences historiques, et des trésors dont les arts s'honorent ?.... J'ai plus de matériaux sur le Mont-aux-Malades que sur Fécamp....

Ce que tu m'as dit de M. Deville et de M. Fallue me confirme dans une idée que j'ai depuis longtemps, savoir : que beaucoup de ces antiquaires accucilleront très bien les ecclésiastiques comme auxiliaires, comme soldats dans leurs rangs ; mais que leur orgueil serait furieusement blessé (5) si une société d'antiquaires un peu formidable naissait au sein du clergé ; si la science immense et encore incomplète de nos basiliques et de l'archéologie chrétienne en général faisait de rapides progrès entre nos mains ; si, aidés de nos auteurs ascétiques, liturgiques, etc., nous découvrions, dans nos églises, un symbolisme profond et des mystères qui ont échappé à ces profanes. Si je m'en rapporte à ce que j'ai lu, cette partie de nos basiliques n'a guère été traitée. Je n'en estime pas moins les antiquaires, tout indifférents qu'ils sont pour la pratique de la religion. Ce n'est pas leur indifférence que j'estime, mais ce respect sincère, quoi qu'on en dise, pour nos monuments, cet esprit conservateur qui les distingue des autres hommes sans religion, et ces restaurations intelligentes qu'ils exécutent sur nos églises....

Je pense bien que tu es revenu de l'ébahissement où t'avait jeté ma dernière. Ce n'était pas mon travail qui te transportait, c'était sans doute le plaisir de trouver un écho et une voix amie parmi les gens portant soutane. Il me semble qu'à Pâques notre bonjour sera plus cordial, l'entrevue plus réjouissante.

Je tâcherai de te faire visite en compagnie de maître Jean de Godarville, puissant abbé de Saint-Ouen au XIIIe siècle, que je te laisserai pour te tenir compagnie dans ton cabinet (6) ; tu tâcheras de t'en servir pour exciter l'appétit du docteur Robin. Si lui et d'autres nous fournissaient une cinquantaine de francs, plus ou moins, moyennant quelques empreintes de pierres, je mettrais les œuvres de M. de Caumont dans notre bibliothèque, et je tâcherais de faire filtrer tant soit peu d'archéologie dans l'esprit de nos élèves, ce que je ne puis guère faire sans livres.

(*En post-scriptum*). Dis-moi un mot de M. André Pottier, conservateur de la Bibliothèque. C'est lui qui m'a appris à prendre des empreintes. Il m'a l'air très obligeant. très bon et très désintéressé.

V.

14 *Avril* 1840. — *Merci à toi*, comme disent nos romantiques, merci à toi qui m'as fait connaître l'histoire de mon pays (7) ! Tu as bien mérité des habitants du Tilleul ; mais il faut que tu continues tes services : car je ne vois là en quelque sorte que le vestibule d'une histoire du Tilleul. La belle partie de l'histoire sera le XVIIᵉ siècle, la période bénédictine, D. Guillaume Fillastre enfin. Veux-tu que je te dise ce que je sais de D. Guillaume ? Que tu en saches plus ou moins que moi sur lui, peu importe : ma lettre ne gâtera rien....

VI.

8 *Mai* 1840. — ... André Pottier est un brave homme qui a beaucoup de bontés pour moi. Je suis bien aise de pouvoir de temps en temps lui faire quelques petits présents de son goût. J'espère, par lui, pouvoir compulser les archives du Mont-aux-Malades, dont j'ai vu l'autre jour trente à quarante paquets à travers une armoire grillée, lesquels paquets ont cruellement aiguisé ma faim, et ne me laissent de repos ni jour ni nuit... J'ai vu l'autre jour les archives de Montivilliers au dépôt de la Préfecture. C'est à peine si tu mettrais tout dans ta salle.....

VII.

16 *Mai* 1840. — ... [Après citation de plusieurs lettres de D. Fillastre à Mabillon.] Quel charme, mon cher abbé, dans la correspondance de ces bons Bénédictins ! Quelle exquise latinité ! Et, ce

qui est plus beau, quel parfum de simplicité, d'humilité, de con-
fraternité religieuse ! Voilà une lettre plus longue que tu ne vou-
lais ; mais *juvat tecum garrire pauló liberiùs* [phrase de D.
Fillastre à Mabillon].....

L'histoire de [Fécamp par] M. Fallue s'imprime en ce moment.
Je l'ai vu hier à la Bibliothèque, et nous avons causé ferme sur
Fécamp. C'est à peine s'il savait le nom de D. Fillastre. Il m'a
beaucoup questionné sur lui ; je me suis contenté de dire qu'il
avait brûlé ses ouvrages, et qu'on en retrouvait quelques parcelles
dans Mabillon. Je ne le crois pas bien au fait de la période des
Mauristes [religieux de Saint-Maur]. Il m'a paru avoir bien saisi
l'attitude de Fécamp sous les premiers abbés. Il m'a parlé d'un
abbé Cochet trop romantique dans son style, trop peu travailleur,
heureux d'avoir les notes de M. Gaillard, par je ne sais quel M.
Bourgeois. Il ne m'a pas paru connaître un abbé Cochet qui lui
a donné des avis et des notes. Ne te mets point en colère ; aie seulement pitié d'un gros homme de bureau, d'un individu roué à la
dissimulation, comme il m'a paru dans notre entrevue. Il m'a dit
qu'il viendrait me voir ; il peut bien compter qu'il ne saura rien
de moi.

Comment va notre commerce d'empreintes ? Tu ne me parles
de rien. Il parait qu'il se sent, lui aussi, de la crise. Je désespère
d'avoir les œuvres de M. de Caumont. Quand j'aurai un moment,
je te dirai ce que c'est que le manuscrit de Graville. Pour Dieu !
fais-moi passer de quelque façon, par quelque voyageur, ton histoire de Graville. Ecris un peu mieux : il faudrait un fameux antiquaire, très versé dans la paléographie, pour déchiffrer tes lettres.

Si parfois tu te servais de ce que je t'envoie sur D. Fillastre,
je te conjure de ne faire mention de moi, ni directement ni indirectement dans les feuilletons (8) ou autres publications : tu me
dégoûterais de te rien envoyer. J'aime mieux que tu parles tout à
fait en ton nom....

(*En post-scriptum*). Tu tues le temps à justifier ton *Histoire de
Graville*. Je la trouve très bonne... J'ai terminé ma dernière lettre
en te disant : « Lis, mais n'imprime pas, imprudent ! » Ce sont
mes lettres que je te défends d'imprimer, et non tes écrits : je
te le défends par tous les droits de l'amitié....

Tâche de gagner l'abbé Pain (9) à l'archéologie : il y inclinait déjà fort à Pâques. Quelle excellente manière d'étudier l'histoire et de l'étudier en grand. Il n'a jamais vu que Daniel, Anquetil, Henrion, etc. Il est l'homme de France qui sait le mieux le lieu, le jour et l'heure de toutes les batailles possibles. Il te dira le nombre des morts et presque des coups de fusil. Sèche nomenclature de faits, est-ce là l'histoire ?

VIII.

30 *Mai* 1840. — Par ma foi, je ne sais comment t'exprimer ma reconnaissance, ma surprise, mon ébahissement. Me voilà au comble de mes vœux ; j'ai maintenant grâce à ta généreuse démarche, de quoi implanter l'archéologie dans nos jeunes têtes.....

IX.

9 *Juin* 1840. — Je décachète, je lis et je réponds. J'admire que MM. de l'Institut te fassent faire des compliments. N'aurais-tu pas par hasard la prétention de devenir correspondant de l'Institut ? En ce cas, je t'applique un vers qu'on a fait contre Deville, il y a quelques années :

> Il frappe ; et l'Institut lui crie : On n'entre pas (10).

Le vers est devenu faux pour Deville : car il est membre correspondant de l'Institut, ce que j'ai vu sur le titre de son *Histoire du château d'Arques* que je lis en ce moment....

Je ne te dirai pas un mot de Lillebonne. Je n'y connais absolument rien (11). Fallue, qui est peut-être une autorité en antiquité romaine, m'a dit que M. Gaillard avait trop d'imagination, et qu'il avait écrit quelquefois plutôt sur les inventions de sa tête que sur des renseignements positifs.

A propos de l'Institut, ces Messieurs n'ont pas tous la boîte à l'esprit. C'est M. Lebas de l'Institut qui a élevé cette tant vantée Notre-Dame-de-Lorette de Paris, sublime construction qui est une vraie souricière, comme dit le comte de Montalembert dans son livre *Du Catholicisme et du Vandalisme dans l'Art.* Il faut voir Notre-Dame-de-Lorette figurer sur une gravure, avec le nom de M. Lebas de l'Institut, à côté de la Sainte-Chapelle de Paris, bâtie par je ne sais plus quel pauvre maître maçon du temps de saint Louis. Ce rapprochement restera éternellement gravé dans ma mémoire pour me dégoûter de l'architecture classique, et me faire admirer les constructions, qu'on pourrait appeler célestes, du XIIIe siècle.

De Lillebonne je suis venu à l'Institut, de l'Institut je viens à D. Fillastre ; c'est ce qui s'appelle avoir une allure libre en écrivant. Or donc, il m'est passé un moment d'humeur contre D. Guillaume, depuis que je t'en ai dit tant de bien ; quand je le vois se donner tant de tablature pour trouver si OSCA est du *latin*, ou du *barbare*, ou du *volsque*, il m'a semblé que le grand homme (pardonne, ombre chérie !) montrait un petit bout d'oreille du grammairien. Race détestable que ces amateurs de difficultés grammaticales, que ces étymologistes experts cherchant à grand renfort de textes et de citations l'explication de quelque niaiserie difficile ! Mais, après y avoir réfléchi, soit que l'évidence m'ait subjugué, soit que l'amour de la patrie m'ait aveuglé, j'ai donné l'absolution à D. Guillaume. Je l'ai relu ; et si, par-ci par-là, il est un peu grammairien, il est bien plus souvent écrivain lumineux et grave dissertateur, ce qui n'était pas chose facile en un sujet si étroit. Il n'avait pas l'esprit étroit, celui qui comprenait Mabillon et l'encourageait, alors que ses confrères le dénonçaient dans le chapitre général de l'Ordre, pour avoir déniché quelques-uns de ses saints, dont les légendes étaient suspectes...

J'attends avec impatience le beau présent de M. de Caumont. En attendant je souffre le supplice de Tantale, je me morfonds, je trépigne. Quelle fureur martiale s'empare de moi ? Je cède au démon de la guerre ; garde à vous ! Je brise une lance contre l'auteur de *Graville*.

Il dit que la nef de Graville présente un des plus beaux types de l'architecture du XIe siècle. Haro ! Les chanoines de Graville venaient de Sainte-Barbe en Auge. Or, Sainte-Barbe en Auge date de 1128, selon *Neustria pia* et un manuscrit de la Bibliothèque de Rouen. A Sainte-Barbe en Auge, en 1128, il y avait pour tout trois chanoines : le B. Guillaume d'Évreux, père de presque tous les chanoines réguliers de Normandie, avec deux Rouennais, l'un nommé Robert, l'autre Emala. On peut croire que les trois chanoines n'ont pas envoyé des colonies au haut et au loin dès le lendemain de leur arrivée à Sainte-Barbe : on peut donc rejeter la fondation de Graville jusqu'à 1150 environ.

Mais comment le couvent de Graville, colonie de Sainte-Barbe en Auge, fondée au milieu du XIIe siècle, a-t-il pu donner un superbe échantillon de l'architecture du XIe ? L'auteur surprend çà et là dans l'église des traces de style byzantin : raison de plus pour placer la construction de l'église dans le plein XIIe. Le byzantin est de cette époque ; la première croisade est de 1093 : donc le contact de nos chrétiens avec les Grecs ne peut influer que dans le XIIe sur les arts en l'Occident. L'auteur ne se rappelle avoir vu nulle part de roses unies formant le remplissage des fenêtres au-dessus des doubles lancettes ; mais l'extraordinaire ici serait qu'il n'y en eût pas. Les lancettes géminées ne vont jamais sans une rose superposée : témoin toute l'abside de notre Métropole ; témoin les quatre tours inachevées qui surmontent ses deux portails latéraux ; témoin M. de Caumont ; témoin tout le XIVe siècle, dont les larges fenêtres, toujours terminées par une rose au sommet, ne sont autre chose que deux lancettes réunies, comme le remarque très bien le même M. de Caumont.

La lance est brisée, le combat est fini, pas un mort de resté sur la place, heureusement ! Terminons en nous embrassant, à la façon de nos vieux paladins, qui, après avoir jouté presque jusqu'à s'occire, allaient souper à la même table et coucher dans le même lit.

(*En post-scriptum.*) Tu ne m'as pas dit ce que tu pensais de mes conjectures sur les ouvrages perdus de D. Guillaume. Elles seront toujours bonnes à te faire rire.

Que devient l'abbé Pain ? Etudie-t-il toujours les époques de nos batailles ? Non, sans doute : car il les sait toutes, depuis les batailles antédiluviennes jusqu'à la prise de Constantine, inclusivement. Quand donc donnera-t-il quelques-unes de ses veilles laborieuses à l'étude des merveilles de l'art religieux ? Quand sentira-t-il que l'histoire des temps anciens est beaucoup moins dans les livres que dans les monuments qui nous en restent ? Avec la connaissance qu'il a de l'histoire, dans trois mois il ferait merveille en archéologie. Dis-lui que je ne l'oublie pas. Ce serait à toi de lui souffler le feu sacré. N'attends pas de moi de grands secours sur l'architecture civile et militaire : la partie religieuse ne m'occupe pas, mais me préoccupe dans toute la force du terme.

X.

[*Sans date*]. — Tu ferais bien, il me semble, de ne publier ta notice sur D. Guillaume que quand le compère Fallue aura fini d'imprimer : tu ne dois pas fournir un mot à cet homme-là....

J'ai envoyé quinze beaux calques dernièrement à la Préfecture au dépôt de la Commission d'Antiquités : belle lettre du secrétaire Ballin (12). Il ne me reste pas en ce moment un seul calque. Je recommencerai mercredi, et puis je t'avertirai quand j'aurai une provision. Surtout, dans ta prochaine, indique-moi l'adresse précise de M. de Caumont : il faut bien que je lui écrive. Je lisais l'autre jour dans un journal que l'antiquaire est jaloux de sa nature. Par D. Guillaume ! le journal en a menti : il te doit réparation, et à M. de Caumont....

Par toi, je ne me désaltère plus aux ruisseaux, je bois à la source de l'archéologie. Adieu, mon capitaine ; adieu, mon archéologue porte-étendard. Je t'aime comme Henri aimait Crillon, à tort et à travers (13). Je doute si je t'ai remercié du dernier numéro du terrier ; peu importe, ça n'empêche pas les sentiments.

Quand je me représente en possession des ouvrages du noble Caennais, je fais des projets à l'égal de Perrette, des conquêtes à l'égal de Pyrrhus. Les maitres vont se jeter là-dessus avec fureur: tant mieux, ils ont plus que moi encore les moyens de propager. L'un d'eux, depuis deux mois, a mordu à l'hameçon ; il vient calquer avec moi tous les mercredis. et deux ou trois élèves que M. le Supérieur me permet de prendre avec moi en changeant tous les mercredis. Tu vois que ça ne va pas mal : mais avec M. de Caumont ça va marcher comme sur le chemin de fer. Maitres et élèves m'auront bientôt dépassé : Je m'en réjouis. Je ne serai jamais plus triomphant que le jour où ils m'auront vaincu....

J'ai permission de la Préfecture d'aller aux Archives départementales pour le Mont-aux-Malades : il y a trente-quatre paquets sur ce prieuré....

Un gros manuscrit, petit in-folio, provenant de Sainte-Honorine de Graville, [dont l'abbé Langlois vient de transcrire le titre et qui a pour auteur Pierre de la Cour, curé de Vergetot, professeur en théologie. Achevé le 7 juin 1625 ; *Bibliothèque de Rouen*] est une espèce de Dictionnaire théologique, moral, historique, etc. Ce livre suppose de grandes recherches. J'en ai parcouru quelques articles vraiment savants. Ce sera une petite addition à faire à la seconde édition de l'*Histoire de Criquetot* (14). Je n'ai pas pensé à regarder s'il n'y aurait pas quelques mots sur les villes ou villages voisins. J'y reviendrai ; mais le bon curé m'a l'air plus scholastique qu'antiquaire....

Nous avons eu dernièrement une séance académique (15). C'était une fureur pour l'archéologie : l'un voulait faire une histoire du mont Sainte-Catherine. Un *troisième* prétendait faire une histoire de l'Abbaye de Fécamp : il avait, disait-il, trouvé beaucoup de documents dans.... Godescard !! Je l'ai beaucoup loué de sa bonne volonté ; et, à la fin, il a compris que le sujet était un peu trop -vaste....

Monsieur le correspondant des Sociétés savantes de Haute et Basse-Normandie, connaissez-vous Luctatius, Albéric, Pierius, Bulenger, Gruterus, Victorius, Aldrovandûs, Eustathius, Lampridius, Cælius Rhodiginus ? Vous connaissez Hérodote, S. Grégoire de Nazianze, Vossius, Diodore de Sicile, Du Cange et Ménage : mais de grâce et pour Dieu dites-moi si vous connaissez Nonnus, Capella, Eumolpus, Onomocrite, Grævius, Marianus ? Je me hâte de vous citer Varron et Claudien, pour ne pas tout à fait vous confondre, et je vous conjure de croire que je n'ai pas forgé un seul de ces étranges noms d'auteurs. vieilles connaissances de D. Guillaume, qu'il passe en revue et vous manie avec tant d'aisance qu'il n'a pas l'air d'y penser : on dirait qu'il fait manœuvrer ses enfants de chœur. Point de vain étalage : citations courtes, concluantes, bien enchaînées ; et, sous ce poids immense d'érudition, un esprit libre, un style flexible, et une plume facile... Adieu, il faut bien que je finisse. Tout à toi.

XI.

16 *Juin* 1840. — ... J'ai encore formé des conjectures [sur les écrits perdus de D. Fillastre]. D. Tassin dit de lui : « Il avait composé plusieurs écrits sur différents sujets. » Ne peut-on pas ajouter ? des morceaux détachés, des fantaisies de malade, des pièces fugitives produites dans des intervalles de santé ; mais rien peut-être de longue haleine. S'il eût enfanté un corps d'ouvrage, les moines de Fécamp, qui le servaient au lit de mort, eussent-ils

livré aux flammes un livre tout fait ? Mabillon n'eût-il pas trahi la modestie de l'auteur longtemps avant sa dernière heure ? la Congrégation n'eût-elle pas revendiqué ses travaux ? Il est vrai qu'elle en a négligé bien d'autres que D. Tassin indique comme manuscrits, et dont on ne connaît plus que le nom...

Le thermomètre de ma reconnaissance est monté bien plus haut depuis que j'ai reçu le présent de M. de Caumont, qui est aussi ton présent. Je l'ai montré de suite à M. le Supérieur, qui a gardé l'atlas et le volume correspondant pour les étudier ; ce qui promet pour l'avenir. En général, M. Couillard est beaucoup plus favorable que je ne l'aurais pensé. Pour M. P***, je n'essaierai pas de le convertir : on ne parlait pas d'antiquités du temps de M. Holley.

Le petit volume des procès-verbaux des séances tenues à Amiens et au Mans a déjà fait plus de dix mains. On le dévore avec d'autant plus d'avidité qu'on y trouve à chaque page l'abbé Arthur Martin et sa réception dans la Société. C'est précisément le Jésuite qui nous a prêché la retraite en novembre dernier. Il viendra dans huit jours à Bonsecours pour l'église. Tu sais qu'on bâtit là une église toute en pierre, XIIIe siècle tout pur, toutes lancettes géminées *avec l'inévitable rose au sommet* (16)...

J'ai entre les mains la table des Œuvres de S. Chrysostome éditées par Gaume. Cette table est l'œuvre des Bénédictins de Solesmes, dont tu as sans doute entendu parler. Ils l'ont fait précéder d'une petite préface dont voici un fragment [*suit le dernier paragraphe de la page* I. Vol. XIII, seconde partie]. Il y a là un parfum de modestie religieuse. doux à respirer.

Je m'empresse de te renvoyer la moitié de ton Graville afin que tu fasses imprimer ; et que voyant mon exactitude à remettre les objets empruntés, tu m'envoies bientôt la partie historique du vieux *Prioré*. Je t'assure que ces bons Chanoines réguliers mériteraient qu'on pensât un peu plus à eux ; mais, préoccupés de l'antiquité, de l'opulence, des travaux des Bénédictins, nos modernes fabricants d'histoire monastique ont laissé de côté tout le reste.

XII.

24 *Juin* 1840. — ... Pourquoi t'obstines-tu à faire honneur de l'église de Graville à d'autres qu'aux chanoines réguliers ? Voilà

de l'obstination ! comme dit M. Jourdain dans Molière. Jette les hauts cris, si tu veux : je t'avoue que je suis convaincu qu'une église comme Graville a fort bien pu être bâtie au commencement du XIIIe siècle.

Il est à remarquer qu'elle est construite dans une époque de transition, par conséquent d'hésitation entre le plein cintre et l'ogive. Ce n'est qu'au XIIIe siècle que l'ogive triompha complètement de l'arcade romane, dit M. de Caumont. Tu prétends que Graville a des caractères qui n'appartiennent qu'au XIe. Je demande alors quels sont les caractères du XIIe ? Que dirais-tu de l'église paroissiale actuelle du Mont-aux-Malades ? S. Thomas de Cantorbéry, sous l'invocation duquel elle *fut incontestablement bâtie* par Henri II, n'est mort qu'en 1170 ; l'église ne peut donc remonter plus haut que 1175 ou 80. Eh bien ! l'église du Mont-aux-Malades est infiniment plus sévère et plus sauvage que Graville ! On dirait la première enfance de l'art.

L'autre église du Mont-aux-Malades, aujourd'hui magasin de planches, remonte certainement au commencement du XIIe ; et pourtant elle est d'une architecture bien plus avancée que la première qui l'avoisine et lui est postérieure. Tu diras qu'alors tous les principes sont renversés ; mais non ! ils subsistent pour les époques où la question était tranchée pour l'arcade circulaire ou l'arcade ogivale, mais ils ne subsistent pas incontestables pour les temps de tergiversation entre deux systèmes d'architecture.

Au reste, finissons cette logomachie qui ne nous avancera à rien. Peu importe qui aura bâti Graville ! Mais je crois qu'il n'est pas impossible de rapporter cette construction aux chanoines, ne fussent-ils venus qu'en 1200. Au reste, si j'ai tort, abandonne-moi à mon sens réprouvé. Il est un point sur lequel nous sommes d'accord : c'est que cette pauvre et vénérable église n'avait rien fait pour mériter le supplice du badigeon. Un colifichet de jouvencelle coiffa-t-il jamais bien une vieille nonagénaire ?

Tu as bien fait de ne pas te plaindre dans ta Notice de ce fatal coup de brosse. Les curés badigeonneurs ou, comme dit Montalembert, attaqués de la fièvre du badigeon, ne reviendront pas au bon sens si on leur dit : Vous êtes tous des sots et des stupides ! Il faut les aborder doucement et par insinuation. Si je disais à

M. C*** : « Mon cher Monsieur, vous avez dépensé plus de six mille francs dans l'église du Mont-aux-Malades, pour y faire des hérésies et des blasphèmes; » il me dirait : « Taisez-vous! » Mais il m'écoute en soupirant quand je lui dis : « On est malheureux de se confier à des maçons ignorants ! Si l'étude de nos monuments eût été aussi avancée il y a tant d'années, vous n'auriez pas laissé peindre à l'huile des colonnes et des murs du XIIe siècle !» Et le brave homme croit que j'accuse de bonne foi son plâtrier et son peintre *en bâtiments* qui n'ont fait tout juste que ce qu'il a commandé; et il jure qu'ils ne l'y reprendront pas. Il vient de lire ton Graville avec intérêt; il étudie de Caumont et son atlas qu'il m'a demandés. Il y a six mois, il disait que tout cela était une mode et une manie. Espérons.

Je ne reçois pas de réponse de M. de Caumont... C'est pour moi un besoin de lui donner une marque telle quelle de reconnaissance.

Tu me dis des choses merveilleuses du Château-Gaillard. Tu n'as oublié qu'un point : celui de me dire où est ce Château-Gaillard. Fût-il au Mont-Rôti, à Etigues, à la Haute-Folie, à la Vallée-de-Misère, j'irai faire un pèlerinage, quand tu m'auras dit où il est. Bien plus, Messieurs les Antiquaires, si la seconde excursion que vous y devez faire, avait lieu pendant les vacances, je m'offre pour vous servir de porte-sac ou de porte-pioche, et avoir l'honneur de vous servir de manœuvre...

Depuis le XIe siècle, les chanoines réguliers ont aussi eu d'illustres réformateurs ; leur ordre a progressé. Je les mettrais pourtant au dessous des Bénédictins, des Dominicains et surtout des Jésuites, qui ont produit plus de célébrités en trois siècles que les chanoines en douze.

XIII.

29 *Juin* [1840]. — Tu fais toujours les choses galamment, et avec le plus heureux à-propos. Personne ici ne songeait à me faire une fête : c'est du Havre que devait me venir le bouquet de S. Pierre, et quel bouquet ! Le temps qui flétrit tout, ne le flétrira pas : nos derniers neveux en respireront la suave odeur. C'est au beau milieu de ma bibliothèque que j'ai placé l'*Histoire du Tilleul ;* cependant je n'ai encore rien dit à personne de ton gracieux envoi.

J'ai vu là en note une fatale lettre d'un malheureux ami de
Rouen, auquel tu prêtes risiblement la science et la modestie
d'un bénédictin. Ces mots sont trop grands pour que le malheureux
ami puisse les digérer. Il passera dessus un trait de plume, assu-
rément sans être coupable de suicide : après quoi, il publiera
partout à son de trompe et de buccin : « Le Tilleul, oui, Messieurs,
le Tilleul a son histoire. »

Comment, mon cher ami, as-tu pu, je ne dis pas seulement
imprimer, mais encore réimprimer ce compliment, qui a tout
simplement l'air d'un soufflet. Mais je me tais : je pense que les
antiquaires doivent faire comme les gens mariés : jamais se battre
ni disputer, mais supporter mutuellement leurs torts et leurs
travers, et se consoler dans leurs peines.

Je porterai bientôt un exemplaire à André Pottier : il est
enchanté de ces petits présents. Il a toutes les brochures possibles
sur la Normandie. Il serait au désespoir qu'il en parût une sans
qu'elle entrât dans sa collection. Ils sont plusieurs amis grands
chasseurs de ces brochures ; quand l'un d'eux en a trouvé une
nouvelle et encore inconnue, c'est un triomphe pour lui, et une
défaite pour les autres...

Il me semble que dans l'éloge qu'on te donne ici [dans la *Revue
de Rouen*, 1839], il y a un air de protection si bête, et quelque
chose de si saugrenu, que j'ai cru devoir te l'écrire, dans la
crainte que tu ne l'ignores et que tu ne te confies trop à ce
M. Venedey, auteur qui écrit mal et ne pense pas bien. Il appelle
sornettes le roman d'Alphonse Karr dont la scène est à Etretat.
Par ma foi ! Alphonse Karr est bien sot, s'il est plus sot que
M. Venedey...

Un mot de nos promenades du Petit-Séminaire. Nous tâchons
de les utiliser par l'étude de la botanique et de l'archéologie chrétienne.

M. Tirel, professeur de seconde, s'occupe de la botanique : il a
un herbier renfermant environ six cents plantes qu'il a desséchées
lui-même, et qu'il augmente tous les jours. Il fait une petite
classe d'environ trois quarts d'heure par semaine aux écoliers
amateurs. Il suit exactement le cours public de botanique, qui se
fait à Rouen au Jardin-des-Plantes deux fois la semaine. Il y
mène un autre jeune professeur et trois écoliers, quand une pro-

menade arrive le jour de la leçon. Ces Messieurs sont merveilleusement accueillis par le professeur Pouchet, quoique protestant; il leur fait donner des chaises en avant de l'enceinte réservée au public. Hier soir, le professeur fit une distribution de dix fleurs magnifiques, appelées, je crois, *captus* ou à peu près (? *cactus*). Il y en a eu trois pour les élèves en médecine, trois pour les élèves en pharmacie, et quatre pour le public. M. Tirel en a rapporté une que le professeur lui a présentée de la manière la plus gracieuse du monde.

Pour moi, je m'occupe de l'archéologie, mais, jusqu'alors, de la partie chrétienne exclusivement : c'est bien assez pour un antiquaire de ma force. Je prends aussi trois élèves avec moi; on part à une heure et demie ; on va prendre le calque d'une pierre tumulaire à Saint-Ouen ou ailleurs, ensuite on étudie l'église, etc., puis on fait un tour à la campagne de quatre à sept heures.

Hier, j'ai visité le Boisguillaume avec mes trois compagnons. L'épidémie du badigeon a aussi attaqué cette pauvre église. J'ai vu de délicieux filigranes empâtés de lait de chaux et de peinture à la colle. J'ai vu une chaire peinte en style de devant de boutique, etc... Chose peut-être remarquable, l'appareil est en silex ou bisets disposés au hasard par assises tout-à-fait inégales qu'on a entremêlées sans aucun ordre de quelques blocs informes de pierre ou de moëllon. Me trompé-je? je crois que l'appareil en bisets était encore rare à cette époque. Le baile (*ballium*) ou dernière et vaste enceinte du château d'Arques, que M. Deville fait remonter à l'époque des ducs normands, est en silex. L'appareil extérieur de notre église sous les combles, est en silex, et est de la fin du XIIᵉ, sous Henri II. C'est tout ce que je connais d'anciens édifices en silex. Le roman de petit appareil [en pierre] était, je crois, plus à la mode. Si je me trompe, tu me le diras...

XIV.

12 *Juillet* 1840. — ... C'est toujours le compère Fallue tel que je l'ai jugé d'abord. Je t'ai dit que je l'avais vu une fois à la Bibliothèque, et que nous avions parlé de D. Fillastre. Il me parut qu'alors il n'en avait pas la moindre idée. Aujourd'hui, parcourant au hasard la lettre de D. Tassin, demandant des renseignements sur D. Guillaume pour son *Histoire littéraire*, il a été frappé du

nom de *Fillastre*, et il est venu me trouver, la lettre à la main, dans la salle voisine des Archives où j'étais. — « Mais, Monsieur, nous avions parlé d'un Fillastre : je trouve son nom dans cette lettre, on y parle d'une Histoire littéraire de la Congrégation. Cette histoire existe-t-elle? — Oui, Monsieur, elle existe. Elle ne vous est donc jamais tombée sous la main? — Oh! voyez-vous, j'en ai vu quelque chose... des parties... » N'est-ce pas curieux, ça, mon cher abbé? Fais-moi l'amitié de me dire dans ta prochaine si M. Fallue n'a pas vu le jour sur les bords de la Vire ou de la Garonne...

<h2 style="text-align:center">XV.</h2>

2 *Août* 1840. — ... Te parlerai-je de D. Guillaume pour te voir, moderne Titan, déclarer la guerre à celui qui plane au-dessus des astres? A un autre Homère il fallait un autre Zoïle! Dieu te pardonne d'avoir cru que je jugeais de son mérite par tous les noms baroques d'auteurs qu'il a cités. Je n'admets pas que la plupart de ces auteurs n'ont plus d'autres ouvrages connus que quelques citations dans Huet, etc. La plupart, au contraire, sont modernes et du siècle érudit par excellence de la Renaissance. Je ne sais s'ils étaient dans la bibliothèque de Fécamp : ce que je sais, c'est que les nombreux et savants ouvrages de cette époque faisaient encore le fonds principal des bibliothèques monastiques à l'époque de Fillastre. Les Mauristes, nés d'hier, n'avaient pas encore enfanté leurs prodiges. Presque tous les ouvrages de Huet, mort en 1721, sont postérieurs à Fillastre : il s'était donc dirigé lui-même dans ses études sur Mithra.

Par pitié pour moi, fais-moi seulement grâce de me citer combien d'auteurs tu as notés pendant ta philosophie. Ça me rappelle que j'étais aussi un grand ferrailleur. Je portais des in-folio en classe, et je prouvais clair comme deux et deux font quatre que le divin Platon et ses confrères n'en savaient ni plus ni moins que le P. Baston sur l'unité de Dieu et bien d'autres choses. Je ne sais pas même si je n'avais pas trouvé dans un de ses dialogues un traité de l'Incarnation tout fait, moins les *quœres* 1°, les *respondeo* 2°, et les *instabis*, peste inconnue aux nations anciennes, *mal que le ciel en sa fureur inventa pour punir les crimes* des peuples modernes.

L'exploration des Archives du Mont-aux-Malades m'a dévoré tout mon été : trente-quatre paquets, dont chacun égale en grosseur deux in-folio, des chartes, des écritures depuis le XIIᵉ siècle jusqu'au XVIIᵉ, tout cela ne se compulse pas en un jour. Il m'a fallu apprendre à lire, passer quelquefois une heure sur une charte de six lignes. Mais qu'on est bien dédommagé, quand on trouve un original de bulle de pape, une charte originale des Plantagenets, des Philippe-Auguste, des saint Louis, des Philippe III, des Philippe IV, etc., etc. ! Pour les écritures XIIᵉ, XIIIᵉ et XIVᵉ siècles, je les lis maintenant très couramment et sans aucune difficulté ; mais pour celles des XVᵉ et XVIᵉ siècles, j'y renonce : c'est indéchiffrable ; il faut des études spéciales, il faut avoir été à l'Ecole des Chartes.

J'ai maintenant les matériaux d'une Notice sur le Prieuré du Mont-aux-Malades ; je n'ai plus que quelques pièces à parcourir. Cela m'a coûté plus de soixante voyages aux Archives. Il ne me reste plus qu'à digérer ce pêle-mêle, pour enfanter un je ne sais quoi, qui paraîtra je ne sais quand...

On continue d'imprimer le Bas-Normand Fallue. Il a été devancé par Leroux de Lincy, qui a publié en juillet dernier un *Essai* in-8° de 400 pages sur Fécamp. On dit que c'est un concurrent suscité par Frère. L'ouvrage de Leroux de Lincy, ancien élève de l'Ecole des Chartes, n'était pas difficile à faire : c'est tout bonnement le recueil des légendes relatives à l'Abbaye, qu'il a trouvé à la Bibliothèque royale, le poëme du Précieux-Sang en vieux français, deux différents catalogues d'abbés, plusieurs inventaires du Trésor, etc.; le tout sans y changer un mot. L'auteur écrit avec beaucoup de simplicité et de facilité. Pas un mot qui sente l'esprit fort ; il respecte les traditions, même les moins fondées ; il ménage jusqu'aux infâmes badigeonneurs. Son livre n'est point du tout une histoire. J'attends mieux du nourrisson de la Vire, surtout pour la partie ancienne ; mais je le crois faible pour la partie bénédictine et monastique en général.

XVI.

8 *Août* 1840. — Quelle est cette lettre importune qui vient me couper le sifflet, pendant que je copie les *Statuta hujus... prioratûs*,... et que les anciens chanoines m'apparaissent avec leur

aumusse de peau de mouton (*de pellibus agninis ; car pelli*s *sylvatica* [fourrure] *cujuscumque generis in nullo vestitu nostro admittatur :* ce qui est toujours bien consolant pour nous, parce qu'en cas que nous soyons affligés d'un canonicat, pour faire moins de frais, nous achetterons une aumusse chez Dajon ou tout autre boucher),... et pendant que je vois percer de toutes parts la rivalité, l'antipathie qui régnait entre moines et chanoines, qui fit tant de bruit en Bourgogne lorsque les Bénédictins et les Chanoines réguliers se disputèrent la préséance dans les Etats de la province, et que Mabillon entra en lice, et publia je ne sais combien de réponses et de répliques aux chanoines réguliers, et les confondit en leur prouvant, d'après *Neustria pia* à l'article *Valmont*, que les chanoines du Mont-aux-Malades marchaient devant les Bénédictins de Saint-Ouen, dans une procession solennelle à Rouen, en 1542...

XVII.

21 *Septembre* 1840. — J'étais bien persuadé que tu étais mort ; et pourtant je me gardais bien de dire pour toi le *De Profundis*, connaissant un procédé pour te faire ressusciter qui est de faire résonner à ton oreille les noms de chartes, d'archives et d'antiquités. Or donc, sans plus tarder...

Procès-verbal des fouilles exécutées en août dernier au Château-Gaillard (bois des Loges), sous les auspices de la Société française du Tilleul pour le pillage des monuments. — Vers la fin du mois précédent, les sieurs Langlois, fondateur et directeur, et les sieurs Maubert, Aubry et Mondeville, séminaristes, composant ladite Société, se sont transportés audit lieu du Château-Gaillard, munis d'une fourche à deux dents, jusqu'alors employée à l'ignoble ministère d'extirper les gernottes (17), mais destinée en ce jour à extirper les monuments du peuple-roi. Arrivée sur les lieux, la Société a remarqué facilement les traces des fouilles exécutées par sa rivale la Société française de Caen. Elle a fait creuser *le long et un peu au-dessus du niveau du chemin, entre les deux tranchées que tu avais fait ouvrir.* Elle n'avait pas enlevé dix pouces de terre *en creusant horizontalement,* qu'une énorme tuile blanche apparut posée à champ et offrant la forme qui suit [un trapèze], environ 15 pouces de long, demi-pied de large,

1 pouce d'épaisseur, sans rebord (18). Tout contre et en creusant plus avant, tant avec la fourche qu'avec nos mains, nous trouvâmes des pavés, des tuiles posés à plat, mais posés dans un ciment si dur que la fourche ne put en extirper un seul. Bref, nous avions découvert le pavé d'un appartement. Pour y voir plus clair, il eût fallu enlever trois ou quatre bannelées de terre ; mais archéologues à pied, glaneurs inconnus, comme dit M. Viau, nous n'avions d'autres instruments que notre fourche et nos mains : il fallut s'en tenir là. Nous fîmes nos provisions de tuiles enfumées, percées, de toutes formes et de toutes couleurs, que j'ai apportées au Mont-aux-Malades, et que je t'aurais montrées si tu avais été au Havre.

Tu peux compter sur le pavé d'appartement que je te désigne ici. Fais faire une excavation horizontale [? verticale] entre les deux tranchées à droite en montant, et tu le trouveras un peu plus haut que le niveau du vieux chemin. La grande tuile n'était point posée à champ par hasard : elle occupait sa place naturelle, et nous l'arrachâmes assez facilement parce qu'elle n'adhérait dans le ciment que par sa base. Les dieux nous pardonnent cet acte de vandalisme !

Je veux te donner une autre indication. Quand on arrive par le fond du Vauchel, avant de tourner à gauche dans le bois pour monter au Château-Gaillard, on a à sa droite une petite ferme, le taillis non coupé à sa gauche, et devant soi le taillis coupé nouvellement. Eh bien ! tu entreras dans ce taillis coupé nouvellement, qui commence à repousser ; tu remarqueras que dans l'angle formé par le chemin qui monte au Château-Gaillard et celui qui suit la vallée vers Cuverville, le sol est sillonné par divers petits sentiers qui serpentent entre des petites mottes ; et que, sur le versant de beaucoup de ces petites mottes, à une distance de vingt à quarante pas des deux chemins, les taupes, nouveau genre d'antiquaires, mettent à découvert par leur coulées et leurs taupinières, d'innombrables petits débris de tuiles très rouges. Tu te prépares, sans doute, à compléter les fouilles exécutées tant par la Société française du Tilleul que par les taupes. J'espère que tu m'en diras un petit mot (19).

Je m'occuperai incessamment des recherches que tu me demandes. Je vais m'occuper cet après-dîner de chercher les armoiries d'un tombeau d'Harfleur, qui embarrasse M. Viau, le Christophe Colomb de Manéglise. Il m'a fait présent de son article sur Manéglise et du mémoire de M. Fallue sur *Caracotinum.* Je serai heureux de lui rendre service, comme à toi, si je peux. Si je découvre quelque chose pour toi, comme pour lui, je l'expédierai aussitôt...

J'ai vu dernièrement le compère Fallue. Il m'a dit qu'il était à moitié imprimé. Il compte t'envoyer plusieurs exemplaires pour que tu les places : tu seras son garçon commis pour lui aider à couvrir ses frais. Bon courage !

XVIII.

22 *Novembre* 1840. — Je suis, dis-tu, un paresseux, un misérable, digne de la corde et du fouet. Pardonne : notre retraite d'une semaine que nous terminons aujourd'hui, m'a cloué au confessionnal. Tiens, voilà ton picotin d'archives pour t'empêcher de crier...

On y voit [*dans une lettre de D. Tassin, que M. Langlois vient de transcrire*] comment la discorde et le jansénisme travaillaient l'ordre. D. Tassin lui-même était un enragé du parti. Il y raconte [dans l'*Histoire littéraire*] les tracasseries que la cour faisait aux moines opiniâtres, à peu près comme les historiens de la primitive Eglise rapportent les actes du vénérable Polycarpe, ou du divin Ignace d'Antioche. Tu dirais de vrais martyrs...

[D. Maheut, cellérier de l'abbaye de Fécamp,] était apparemment un correspondant de D. Tassin, lorsqu'il composait son fameux ouvrage de la *Nouvelle Diplomatique*, qui a effacé celle de Mabillon, créateur de la science, et qui se vend aujourd'hui au poids de l'or...

XIX.

16 *Décembre* 1840. — Le grand format aujourd'hui, car je te dois la dette de la semaine dernière. Merci, merci de tes Graville. Tous sont placés... Je suis chargé de t'offrir les remercîments empressés de MM. Deville et Pottier... Agrée aussi les miens pour celui que tu m'as adressé, et pour celui que tu as destiné à notre bibliothèque. C'est, je pense, le premier fruit des élèves de la maison. Nous sommes d'autant plus sensibles à ce souvenir, que les témoignages de reconnaissance nous viennent rarement.

Venons au Pouillé, mon cher ami. Le Pouillé d'Eudes Rigaud, ne l'a pas qui veut! Je l'ai obtenu pour deux jours, et, par malheur, pendant que je l'avais, M. Auguste Le Prevost est venu de la Chambre des Députés et de Bernay pour le voir : les antiquaires s'y battent (20). Tu penses bien qu'en deux jours, pressé par deux sermons à la fois et par les occupations ordinaires, je n'ai pas fait dans le Pouillé une pêche miraculeuse à rompre le filet, d'autant plus que le bon Ange Godin écrit comme un chat. C'est l'habitude des grands hommes : je le vois encore par tes lettres. J'en ai pourtant extirpé quelques noms de paroisses, en passant quelques bouts de nuits. Les voici ; je te les donne. à condition que si tu publies, tu ne diras de moi ni bien ni mal. tu ne me nommeras même pas. Telle est ma volonté : telles sont les conditions que j'impose et ai droit d'imposer (21)...

[*Dans sa lettre précédente, M. Langlois disait* :] Une copie du Pouillé d'Eudes Rigaud vient d'être trouvée aux Archives, faite de la main de D. Ange Godin, obscur bénédictin de Saint-Ouen, qui n'en a pas moins amassé presque tous les matériaux des Conciles de Rouen et de Normandie.

XX.

24 *Décembre* 1840. — Que veux-tu que je te dise une veille de Noël avec sermon, confessions, etc.? Mais je sais que tu as une faim d'ogre ; et que, si je ne te donne ta proie, tu vas rugir comme le roi des animaux...

Je lis en ce moment les *Mémoires des Antiquaires de Normandie*, année 1835 qui comprend le mémoire du compère Fallue sur les travaux militaires des bords de la Seine. Je suis tout ébahi de trouver là la Côte-du-Mont, Bruneval, Bénouville, etc. Je soupçonne quel savant a fourni les renseignements. Mais, ici comme ailleurs, la reconnaissance du compère est toute renfermée dans son cœur.

Dans ce mémoire, que tu as lu sans doute, il donne un fier coup de pied au système de M. Feret sur la Cité de Limes. J'ai lu aussi le mémoire de ce dernier, qui m'a paru érudit, s'il est mauvais observateur. Mais il paraîtrait qu'il néglige l'archéologie pour l'histoire naturelle et la zoologie. A propos de ça, deux de nos professeurs suivent à Rouen les cours publics de chimie, de physique et de zoologie. Je m'aperçois que mes idées ont un merveilleux enchaînement...

M. Vaultier, doyen de la Faculté des Lettres de Caen, pense que le nom de Pierrefitte (*Petrafica*), en Basse-Normandie, vient de quelque pierre levée ou menhir druidique dont il ne subsiste pas d'autre souvenir (*Ant. de Normandie*, X, 281). Plusieurs fois la même pensée m'est venue sur notre *Petrafixa* [Pierrefique].

XXI.

31 *Décembre* 1840. — ..... Je ne sais rien de plus sur Ange Godin... D. Bessin, qui fait ici [dans sa préface] le délicat, est lui-même très défectueux. ... Au reste, je n'ai garde de dédaigner ,D. Bessin, illustre régent de philosophie et de théologie au Bec, à Séez et à Fécamp. Pendant que D. de Sainte-Marthe était grand-prieur de Saint-Ouen, D. Bessin, ancien maître de théologie, partageait ses travaux pour la magnifique édition de saint Grégoire le Grand, 4 vol. in-f°. Je crains que le compère Fallue ne soit avare de ces détails domestiques, qui sont pour moi délicieux.

Tu parles de faire des histoires de communes. As-tu jamais lu les divines *Lettres* d'Augustin Thierry *sur l'histoire de France?* Tu verrais là plusieurs histoires de communes qui pourraient t'ouvrir la voie : il n'est que de lire les modèles. Moi, quand j'aurai lu toutes les histoires des abbayes et prieurés de l'Europe, je mettrai en lumière l'*Histoire du Mont-aux-Malades*, qui fera pâlir les Pommeraie, les Bouillard, les Félibien. Saint-Denis, Saint-Germain-des-Prés s'éclipseront ; Graville même verra flétrir sa gloire antique.

Je veux te dire un mot d'ami sévère sur ton Graville ; et je signale le défaut d'autant plus franchement qu'il n'était pas en tout pouvoir de l'éviter. Ton histoire pèche par le fonds et la base même. L'histoire de tout monastère est dans son chartrier ; or, qu'as-tu vu du chartrier de Graville ? et que pouvais-tu en voir ? Tu me diras que tu n'as fait qu'un essai. Toujours est-il qu'un essai est une œuvre historique, et que l'histoire veut de l'érudition, des preuves surtout. Où sont les tiennes ? *Neustria pia* est mort comme source rigoureusement historique. Arthus Dumoutier, Pommeraie, Farin, Duplessis sont une monnaie qui n'a plus cours. Ils ont été trop souvent pris en défaut (22). Nos antiquaires veulent du neuf, et font la grimace si on ne les fait boire aux sources.

La méthode d'Augustin Thierry et de Michelet, les dignes chefs de l'école moderne, nous a gâtés. Le premier surtout, si justement admiré dans son *Histoire de la conquête d'Angleterre*, est un homme si positif! Non-seulement, il indique ses sources; il indique encore les textes des chroniqueurs au bas des pages, s'efface continuellement lui-même et ne fait parler que les faits (23). Ta méthode est loin de la sienne; et, sans une merveilleuse imagination que tu as reçue en partage et qui a coloré si bien ton essai, que serait l'ouvrage ?

Tu t'accroches à toutes branches : aux bienfaits de la religion, aux travaux de l'ordre des Augustins en général, pour soutenir le fil de ton récit. *Ad rem*, beau discoureur : éventre-moi ton sujet, et déploie-moi ses entrailles. Que me font les Augustins de Belgique ou d'Espagne, à moi qui veux savoir l'histoire de Graville ? Je veux des faits de Graville, et des faits prouvés surtout. Moi, si jamais je publie une *Histoire de l'Abbaye royale du Mont-des-Lépreux*, je ne ferai pas un édifice aérien : je veux bâtir sur pilotis et sur fondements de granit, de manière que la critique la plus critique ne puisse entamer mon récit. Arme-toi d'avance de tes traits les plus aigus ; si mon œuvre, garnie de sept doublures comme le bouclier d'Achille, ne te résiste pas, j'en jure par D. Guillaume, je jette comme lui mes manuscrits au feu.

Disons le bien, maintenant. Tu as bien pensé, bien écrit, très bien même. Ton œuvre plaira aux poètes, aux dames, aux gens peu scrupuleux sur le fonds, qui veulent être amusés et édifiés : c'est dire qu'il plaira à un grand nombre et proclamer l'utilité de ton livre. Mais il ne plaira pas aux gens du métier, aux vieux renards qui veulent des poules et non des plumes, fussent-elles tout or et tout azur. Soit dit sans m'empêcher d'aimer ton livre, que j'ai relu bien des fois, toujours sans m'ennuyer, et que je relirai encore.

N'as-tu pas des projets un peu vastes? Histoire des communes, Essai sur les voies romaines, Tableau d'une commune avant la Révolution, Publication de Pouillés, etc., etc. César, il est vrai, dictait à quatre en styles différents ; et puis je comprends que toutes ces choses peuvent se prêter un mutuel appui.

Quant aux archives, tu n'as pu les voir. Je te le pardonne, pauvre diable condamné à ne pas consulter ces oracles précieux, mine féconde, moisson abondante où tes successeurs, plus habiles et plus heureux, iront puiser de riches trésors. O douleur, ô injustice du sort ! comment vivre sans parchemins ? Comment voir encore la lumière et ne pas humer cette savante poussière, plus délicieuse que les parfums d'Arabie !...

Je ne sais si je t'ai dit que j'ai fait présent d'un Graville à M. Gouel, diacre, notre professeur de quatrième, brave enfant s'il en fut, plein du désir d'apprendre, amoureux surtout d'études historiques ; d'ailleurs, il fut mon élève en troisième et je ne perdrai jamais le souvenir de sa candeur, de son application et de sa bonne volonté, digne fils des plus honnêtes gens du monde. Tu en feras, j'en suis sûr, un antiquaire aux vacances...

J'ai dîné aujourd'hui [5 janvier] chez l'abbé Lefebvre... J'ai forcé les récalcitrants à convenir qu'il était bon de savoir quelque chose avec l'Écriture et la théologie. Les premiers enfants d'Ignace qui abordèrent au Paraguay étaient bien heureux de savoir la musique. Remontant les fleuves sur des barques, ils remplissaient l'air des sons harmonieux de leurs instruments ; et les sauvages sortant des sombres forêts, dit Châteaubriand, suivaient les nacelles enchantées ; et ils écoutaient les musiciens comme des dieux lorsqu'ils parlaient du vice et de la vertu, de Dieu, de l'autre vie, etc. Prêtres frivoles et mondains que ces Jésuites ! Pourquoi s'avisaient-ils de dérober un moment à l'Écriture et à la théologie pour faire résonner la lyre et la flûte. O mon cher ami,... le clergé a la science sacrée, il a les mœurs et la vertu ; il n'a pas une fleur en main pour en déguiser l'austérité, il n'a pas la clef des cœurs. Il se fait apôtre rude et inflexible ; il faudrait se faire sirène, protée, etc.... Quel ascendant peut-il donc espérer sur les cœurs, au milieu d'un monde qui raffine de science, de civilisation et de politesse ?...

Prends garde à toi, si tu publies quelque chose sur nos voies romaines ; c'est un sujet rebattu, trituré par les Fallue, les Caumont, etc. (24)

Je suis chargé officiellement par M. Pottier de te proposer d'envoyer des articles de temps en temps à la *Revue de Rouen*, journal savant, mensuel. Il est de règle d'envoyer un tirage particulier à l'auteur (25, quelquefois 50 exemplaires) bien entendu quand le travail est capable d'honorer un recueil, comme serait ton Graville dont tu aurais récolté 50 exemplaires au bout de quatre jours, et sur plus beau papier, et imprimés avec un peu plus d'intelligence, sans *Poci communes* pour *Loci communes*, [p. 23 de l'*Essai sur Graville*]. Cela me rappelle que quand je fis présent de ta part à M. Pottier de ton Criquetot, il me dit : « C'est dommage que ce soit déjà publié par un journal ; ce serait parfaitement notre affaire... » Eh bien ! envoie D. Guillaume à la *Revue !* envoie le tableau d'une commune ; envoie l'histoire de Saint-Remi, d'Arques, des sires de Bracquemont, de Janval et de Bouteilles, etc. En te frottant ainsi à la capitale, tu sortiras de la race des parias et des ilotes...

A propos, si tu envoies une notice sur D. Guillaume à Rouen ou ailleurs, je t'adjure de ne m'y mettre pour rien, ni directement ni indirectement. A Rouen surtout, cela serait du plus mauvais goût. On sent qu'il y a là une plaisanterie de camarade à camarade, ce qui a fort peu de sel pour le public grave, tel que André Pottier, M. Deville et vingt autres, qui ne font pas si bon marché que toi du titre de bénédictin, de la science et de la modestie bénédictine. Sers-toi de ce que je t'écris tant que tu voudras ; mais, pour Dieu, tais-toi sur moi et mon nom, autrement je serais peiné : car tu m'as déjà attiré plus d'une mauvaise plaisanterie.

M.*** est d'ailleurs à ménager ; il se montrait d'abord plus favorable à l'archéologie. Ce serait très imprudent de lancer mon nom dans la publicité.

XXII.

Mercredi soir [sans date]—... Autre chose ! une publication, une édition signée Langlois qui va paraître, non pas en trois ou quatre tomes, mais en trois ou quatre pages. Voici l'affaire qui n'est pas si sérieuse que j'ai l'air de le dire.

M*** devient un peu nonchalant et quasi sourd pour l'archéologie... Voyant donc cette froideur, j'ai résolu de la vaincre,.. et je lui ai présenté sur l'église une sorte d'embryon ou d'avorton de Mémoire... Il a été fort content de mon travail, ce qui ne me donne pas d'orgueil, car il n'y entend rien. Il m'a autorisé à entreprendre tout ce que je voudrais pour obtenir des secours à l'église.

Je pense donc, avec son approbation, à présenter un Mémoire manuscrit à la Commission [des Antiquités] dont tu fais partie (25)... je ne suis pas mal avec M. Deville, pas mal avec M. Pottier, pas mal avec toi ; par toi, M. Feret ne nuirait pas. Crois-tu qu'on obtiendrait quelque chose ? Cette église, qui est un monument de la plus brillante campagne d'Henri II et du siège de Rouen en 1174, devient monument historique. C'est une page de l'histoire de Rouen et de la Normandie. C'est un de ces monuments qui, souvent au moyen-âge venaient consacrer le souvenir des batailles. Hastings, Auray, Bouvines, Formigny, etc. eurent leur abbaye ou chapelle, *en remembrance de la chose, et sur le champ et lieu où fut ladite journée.*

Comment t'y es-tu pris pour Saint-Jean-d'Abbetot ? (26) A quelle porte faut-il que je frappe ? Notre église n'est pas belle dans son ensemble, mais elle renferme de précieux morceaux d'étude, comme tu pourras voir un jour ; et elle fait époque en terminant chez nous le règne du style circulaire.

Plusieurs membres de la Commission m'ont dit quelquefois : « Enseigne-t-on l'archéologie au séminaire ? » Je n'avais rien à dire. Qu'ils l'enseignent eux-mêmes à nos élèves en restaurant sous leurs yeux, en rétablissant dans sa pureté un monument historique très curieux en plusieurs points et qui compte vingt-cinq fenêtres murées (27), sans compter plusieurs de ces redoutables embellissements dont marchent armés les maçons et les plâtriers de campagne.

Si la Commission m'écoutait,... je dirais à M. Deville, qui est Conservateur des monuments de la Seine-Inférieure pour le Ministère de l'Intérieur, de mettre une condition à l'adoption de notre église : ce serait l'établissement d'un cours d'archéologie dans le Petit-Séminaire... Cela passerait d'emblée, j'en suis sûr...

XXIII.

26 *Janvier* 1841. — ... M. Pottier est enchanté de tes offres et de ta bonne volonté. Il attend la Notice sur les voies romaines de l'arrondissement du Havre (28). Il ne peut accepter ton excellent,

ton gentil, ton sentimental Valmont (29) parce que le *Journal de l'Arrondissement du Havre* doit se trouver à Rouen dans les cercles et cabinets de lecture; et la *Revue de Rouen* aurait mauvaise grâce de paraître répéter ce qui a été publié.

Il m'a dit que M. Périaux avait dû t'écrire pour t'inviter aussi à coopérer avec les Chéruel, les Deville, les Richard, les Pottier, les de Stabenrath, etc. Sans flatterie, nul de ces Messieurs ne traitera un sujet d'archéologie avec cette vérité, ce sentiment, ce naturel, cette douce mélancolie que tu as mis dans ton Valmont, que j'ai déjà relu dix fois et que des élèves, voisins de Valmont, un entre autres de Gerponville, ont dévoré avec un bonheur inexprimable.

J'ai un reproche à te faire : c'est d'avoir consacré trois ou quatre pages à réfuter mes sornettes sur ton Graville.

J'ai communiqué à M. Pottier ta note sur le Pouillé. Il l'a transcrite soigneusement comme très précieuse. Songe que cet homme-là a travaillé énormément sur l'histoire et la nature de ses 1400 manuscrits de Rouen, qu'il a catalogués avec un rare talent, n'oubliant ni l'auteur, ni la provenance, ni le mérite calligraphique, etc., etc.

Cette note, dis-tu, est tirée d'un mémoire de M⁰ Houard, avocat, mais tu n'en dis pas plus long. Ignorerais-tu que ce Houard est le célèbre Houard, un de nos plus savants jurisconsultes modernes, né à Dieppe, le 17 février 1725, parent de Richard Simon,... jurisconsulte vraiment profond et très distingué. Je te dis tout cela dans la crainte que tu n'aies pas la *Biographie départementale* de Guilbert, où tu en trouveras encore plus long. Je trouve encore dans Feller que Houard est aussi auteur d'un Mémoire *Sur les Antiquités galloises*, inséré dans le tome I [*lisez* L. p. 441-497] des *Mémoires de l'Académie des Inscriptions* dont il était membre. Est-il étonnant que tu aies trouvé du Houard dans les archives de Saint-Remi ? Les antiquaires morts ou vivants se devinent, se trouvent rien qu'à l'odeur.

Tu dis dans ton Valmont que tu as lu quelque part que Charles V avait donné le château à Duguesclin, le bon connétable. C'est dans Noël, *Essais sur la Seine-Inférieure*, t. I, p. (excuse : je me trompe, je croyais que c'était dans Noël; et, en cherchant la page, je ne trouve rien de Duguesclin. Je suis plus

heureux en cherchant dans l'*Union ecclésiastique*, à l'article
« Ruines de Fontenelle et de Valmont, » larcin flagrant, pour le
dire en passant, fait à M. Langlois)...

Où as-tu vu que Valmont était de la congrégation de saint Maur ?
Je crois que la réforme ne pénétra jamais à Valmont (30). Voilà !
ces malheureux provinciaux nous gâtent l'histoire.

Un mot de Pommeraie et de son *Histoire de la Cathédrale*.
Quand l'ouvrage fut imprimé, il en offrit un exemplaire à chacun
des chanoines. Aussitôt, délibération du Chapitre, pour lui donner
une marque de reconnaissance. On allait voter 250 livres. Une
voix s'élève et dit qu'il faut d'abord s'assurer si le livre est bien
fait. L'examen en fut fait et les 250 livres votées. (Trouvé dans
les actes capitulaires par l'ami Lefebvre, qui, en qualité de vicaire de la Métropole, continue sans bruit l'ouvrage de Pommeraie)...

[*En post-scriptum.*] Ce qui me fait encore écrire tout de suite,
c'est la peur que j'ai que tu n'imprimes avant d'avoir vu le passage de l'abbé Belley, dont tu vas te targuer. Mais je prouverai
que la voie [romaine] ne passait pas Maniquerville.

XXIV.

3 *Février* 1841. — Ah ! çà, nous avons aujourd'hui de plus
d'une sorte à dire. Tu veux que je te disc ce que je pense de ton
D. Guillaume. Soit ! Je suis parvenu à le lire à peu près en une
demi-journée. J'ai été étonné de retrouver dans ton œuvre presque toutes mes lettres et un tas de réflexions hasardées par moi
en l'air dans le laisser-aller d'une correspondance familière. Au
reste, tant mieux si ce que j'ai dit est vrai et bon : mais je croyais
que tu te serais approprié les documents que je t'avais fournis,
que tu les aurais digérés, et qu'une Notice serait sortie tout d'un
jet de ta tête... N'importe ! Il y a dans ton œuvre bien des choses
que le public et les compatriotes de D. Guillaume ne savent pas,
et qui sont dignes d'être sues. Tu as joint à ce qui est de moi des
réflexions et des transitions qui me plaisent. Puisse l'œuvre paraître bientôt au grand jour !

Je l'ai livrée à M. Pottier, qui s'est répandu en compliments, quoiqu'un peu effrayé de l'écriture et des ratures. Il m'a dit qu'on imprimerait [*composerait*] le tout d'abord, et qu'on t'enverrait les épreuves, sauf à publier en deux fois, si on le juge à propos...

Je me suis bien gardé de demander brusquement cent exemplaires : je n'ai rien dit. Il faut que ces gens examinent ; je n'ai pas revu M. Pottier. Nous ne savons pas encore quel mérite ils trouveront à l'ouvrage. Ce que je sais, c'est qu'ils sont juges habiles et délicats... Dans huit jours, je te ferai part du jugement de **M.** Pottier. Je crois que je pourrai t'envoyer en même temps un embryon de Mémoire sur l'église du Mont-aux-Malades. Tu jugeras de mes preuves. Je m'attache à prouver et m'inquiète fort peu du style. MM. Pottier, de Stabenrath sont très positifs ; Deville en histoire est d'une circonspection presque ridicule. Si je faisais de la rhétorique, je leur ferais pitié.

Le bel envoi de parchemin que tu me fais ! Tu vas me prendre quatre jours pour lire des écritures du XVIe siècle, les plus difficiles de toutes, le désespoir de l'Ecole des Chartes, bonsoir ! Encore, si ça vaut la peine d'être lu ; nous verrons, si nous pouvons voir. Au reste, comme je lis ton écriture à peu près, même sans loupe, j'espère que j'y mordrai tant soit peu ; les plus mauvais scribes du temps de la Ligue étaient de vrais calligraphes auprès de toi...

J'insisterai dans mon Mémoire sur la juxtaposition du Séminaire. Gâter, gaspiller, badigeonner une église sous les yeux de nos jeunes gens, c'est préparer le gaspillage de vingt autres églises ; les instruire, en restaurant l'église avec intelligence, c'est préparer le salut de vingt monuments, etc. Quel tour pendable j'aurai joué, si la Commission, le préfet en tête, allouant quelques fonds, demandent l'établissement d'un cours. *Fiat ! fiat !*

XXV.

[*Sans date*]. Il y a à peu près huit jours que j'ai remis à M. Périaux le manuscrit de D. Guillaume, revu, corrigé, augmenté, etc. Car j'y ai mis la main tout de bon, et j'ai même pris la peine de former au moins la moitié de tes lettres qui étaient restées informes, et en manière d'abréviation, comme on en voit dans les vieux classiques grecs de Robert Estienne. J'ai retranché plusieurs choses que je te prie de ne pas ressusciter quand tu recevras l'épreuve, si toutefois tu ne l'as pas déjà reçue : ce sont les mentions de Volney, de Dupuis, de l'*Histoire littéraire* que j'ai remplacée par le Spicilège de D. Luc d'Achéry. A quoi bon choquer les gens délicats et les chercheurs d'*obscena* ? D'ailleurs ces auteurs ont peu avancé l'étude des religions anciennes. Ce n'est que depuis vingt ans qu'on a publié là-dessus de grands et solides travaux. Volney, Dupuis, en bons voltairiens, cherchaient à tout prix des monuments qui renversent le christianisme. Ils ont souvent mis leurs systèmes à la place des faits. Et puis l'archi-janséniste *Histoire littéraire* de D. Tassin, publiée vers 1770, n'est pas du *siècle d'or* de Mabillon, de Martène, de d'Achéry, de Montfaucon, de Sainte-Marthe, etc., ni de D. Guillaume...

On parle presque de moi pour faire un professeur d'histoire ecclésiastique à la Faculté.... Ma foi ! ce serait bien dans mes goûts ; mais ne serait-ce pas au-dessus de mes forces ? L'abbé Lefebvre le métropolitain, qui sait que mes études se sont toujours portées là depuis longtemps, quoique sans but fixe, ne s'est-il pas avisé de parler de moi à MM. Malleville, Faucon, ancien recteur, Denize, etc., etc. Qu'ils fassent ce qu'ils voudront, je ne m'en mêle pas. Je ne quitterais pas pour cela le Mont-aux-Malades, ni ma petite besogne ordinaire, qui ne m'empêcherait pas de donner deux ou trois leçons par semaine à Rouen. Mais ce ne sont encore que des on-dit très vagues. J'ai été tout surpris d'apprendre qu'on en parlait dans le public, et j'ai dit comme le lièvre : Je suis donc un foudre de guerre ! *Videbitur infrà*. J'attends fort indifféremment sans m'en déranger.

XXVI.

[*Sans date*]... Je suis toujours souffrant. J'ai une fièvre qui me mine depuis trois semaines. Je n'avance à rien. Il y a bien un mois que je n'ai rien fait soit à la bibliothèque soit aux archives. Le carême ne me remettra pas : je tousse, tousse sans cesse. Est-ce que c'est déjà la fin ? En ce cas, je ne serai jamais une antiquité ! Au reste comme le bon Dieu voudra, pourvu qu'il me prenne avec lui.

XXVII.

11 *Février* 1841. — Je sens qu'il y a bien du fatras dans tout ce que je te dis de notre église ; je t'ai envoyé tout, pour que tu me dises s'il y a là de quoi former le fonds d'un mémoire qui puisse intéresser la Commission. Je suis prêt à en retrancher une, deux, trois propositions, et même à ensevelir le tout dans un éternel oubli. Si tu penses qu'il y ait là des matériaux pour former un mémoire qui mérite d'être présenté, je te prie de garder le secret des couronnes ducales, et de la correspondance intime de saint Thomas avec nos chanoines réguliers. Je crois que ce sont des choses auxquelles personne n'a jamais pensé : ces petites découvertes étant neuves répandraient de l'intérêt sur mon travail, s'il vient à être présenté. Je ne sais ce qu'il en sera....

... Ce *recèns exstructam* [à propos d'une église de Saint-Lô, dédiée à saint Thomas de Cantorbéry] ne veut pas dire que l'église était achevée. Il n'y avait que trois ans et demi que saint Thomas était mort, il n'y avait qu'un an qu'il était canonisé ; apparemment qu'on n'avait pas commencé à bâtir avant son martyre. Les églises en petit appareil devaient être longues à bâtir : M. Deville donne douze ou quinze ans pour Bocherville. M. de Gerville nous donne le mot de l'énigme pour Saint-Lô. « Généralement, dit-il, les cathédrales et les abbayes étaient consacrées longtemps avant d'être terminées (*Mémoires des Antiq.*, 1825, p. 68). » Je suis convaincu que *novam ecclesiam recèns exstructam* veut dire que l'église sortait de terre. Peut-être s'agit-il de la pose de la première pierre ou de la bénédiction des fondements (31).

Que me parles-tu de ton Pourville et de ta pierre bénite ? Je n'ai jamais lu cela que dans Noël (dans son *Essai sur la Seine-Inférieure*). J'ai lu plus de vingt chroniques contemporaines pour trouver un appui à son assertion : j'ai lu partout que saint Thomas aborda près de Saint-Omer (32). La pierre bénite me paraît une fable imaginée pour donner du relief au pèlerinage, ou pour tout autre motif. Je suis incrédule, vois-tu ; je veux des originaux et des contemporains. Je ne me fie pas plus à Noël qu'à Dumonstier, qu'à Farin, etc.

Autre chose. J'ai vu hier M. Nicétas Périaux. J'ai bien reconnu cette douceur qui lui a fait donner le nom de doux

Nicétas dans l'*Académiade*. Mais le brave homme était bien embarrassé. Il se trouve que ta notice sur D. Guillaume est trop grande pour le moule de la *Revue*... Ils se proposent de publier M. Gossier, le marquis Lever, etc,, une *Histoire de la commune de Rouen* par Chéruel, etc. etc... M. Périaux prend un journal qui tombait ; il ne peut peut-être pas être bien généreux... Tu en verrais au brave Nicétas, vraiment très bon homme et très complaisant, des articles plus courts, comme ton Valmont qui les aurait enchantés.

Qu'est-ce autre chose que nos histoires, sinon une scène occupée par un petit nombre de personnages privilégiés, sinon les annales de la famille régnante, des naissances, des mariages, des intrigues, des guerres qui se ressemblent toutes. Mais les idées, les sentiments, les mœurs des hommes à diverses époques, on ne les y trouve pas. Dans l'immense recueil des PP. Bénédictins (Bouquet, Brial, etc.) l'histoire nationale apparaît plus grande que dans Velly, Mézerai, etc. Mézerai, qui se vantait devant Du Cange, d'après le P. Lelong, son biographe, de n'avoir jamais lu les originaux ! En effet, mon cher, entre Mézerai, Velly, Anquetil et autres, excepté Daniel, il y a eu simplement une dispute de rédaction, non de vérité. Ils n'ont pas songé que le fonds même de l'histoire est à découvrir. A une parfaite vérité chronologique, ils réunissent souvent la plus grande fausseté historique qu'il soit possible d'imaginer....

XXVIII.

16 *Février* 1841. — [*Après quatre pages grand in-folio sur l'église*]. Montez à l'orgue, regardez sous la première arcade de la nef à droite, et vous aurez une idée de la manière dont on coloriait les églises au temps des croisades. Alors la France n'avait point d'école de peinture, on reproduisait servilement ce qu'on avait vu en Italie, en Grèce, en Orient (Voir l'*Histoire littéraire de la France*, tome XVI, in-4º).

Ce devait être une chose étrange à voir qu'une église barriolée du haut en bas de blanc, de jaune, de vert, de rouge, comme une pièce d'indienne. Nous abondons en églises et en châteaux de ce temps : les peintures manquent. Quelques pieds carrés de peinture du XII⁰ siècle, c'est une bonne fortune pour l'artiste qui les rencontre. Qu'on vienne ici, on en verra un reste précieux. Le compartiment se distingue très bien ; il est disposé en échiquier, comme il suit : un carré jaune et un carré gros rouge alternativement : chaque carré peut avoir six pouces sur tous sens. Sur les carrés jaunes est appliquée en vert une sorte de fleur à cinq feuilles, qui pour la forme approche de la fleur de lis....

Si tu peux vendre le manuscrit [du mémoire sur l'église] 50,000 francs, tant mieux pour toi : mais il y manque pour cela des enluminures de plus d'une sorte.

Je suis d'avis de te renvoyer D. Guillaume... Non, non ! nous ne rognerons pas la réputation du grand homme. Périssent les vandales qui voudraient marchander sur les lignes de son histoire. Je te la renverrai à huitaine.

Mon cher, pas encore un mot de transcrit de tes paperasses de Saint-Remi. Je suis malade, dévoré de fièvre, à la diète depuis cinq jours... J'ai ordre de garder la chambre. Je t'écris en fraude : vivent les antiquités, à bas la médecine !

Il y a au Grand-Séminaire un appelé Lecomte des environs de Dieppe, qui brûle de te connaître... M. Feret le connaît... Allons, marche ! Fais imprimer. Vive D. Guillaume ; à bas la *Revue de Rouen* ! Tas d'éteignoirs ! Je m'arrête, ou tu croirais que ma maladie attaque aussi le moral. Ainsi, mon travail sur notre église est tout bel et tout bon ; pas une virgule à déranger : c'est la perfection de la perfection ! Je te croyais meilleur ami. Allons, dis que c'est trop long, trop traînant, trop chargé, trop *indigesta moles*.

Je ne sais ce que tu auras pensé de ces matériaux à peine dégrossis [*disait le début de cette lettre*]... Cela t'aura paru bien pesant et bien lourd : grâce pour l'écrivain, en faveur du chercheur. J'aime à chercher, et quand j'ai découvert quelque chose, j'éprouve une indicible jouissance. J'attends de pied ferme une ample critique : en attendant je t'envoie une ébauche encore plus imparfaite de la partie descriptive. L'écrivain et la matière s'y disputent la palme de la pauvreté.

XXIX.

[*Sans date*]. Semaine véritablement néfaste ! D'abord, c'est l'arrivée du carême, puis je suis de semaine, puis un rhume affreux depuis 15 jours, la fièvre me dévore, j'en ai la langue clochetée. Rien de copié de tes papiers de Saint-Remi, un sermon à faire pour dimanche matin. Il y a trois semaines que je n'ai pu aller soit à la bibliothèque, soit aux archives. Il n'y a pas d'autre remède que de mourir. En attendant :

Souscriptions pour D. Fillastre : M. Langlois, 5 fr. [plus huit autres souscripteurs formant un total de 13 francs]...

L'abbé Lefebvre m'a dit l'autre jour que l'abbé Denize, chanoine, brise quelquefois des lances à l'archevêché en faveur de l'archéologie religieuse et de l'histoire monastique, etc. Malgré cela, tout n'est pas gagné. Allons doucement et prudemment, ne dépassons pas la propagande occulte....

Si le Département s'en emparait [*de l'église*], on ne serait plus le maître d'y faire les réparations que l'on voudrait, ni les additions et embellissements dans tous les goûts possibles. Le sénat fabricien a hésité, délibéré, pesé... Voilà des antiquaires ou plutôt des antiquités...

XXX.

11 *mars* 1841... Tu penseras ce que tu pourras et ce que tu voudras de *parochiani*; moi, je me déclare là-dessus ignorant, incompétent; je ne sais qu'en penser (33)...

J'ai cité Michelet et Thierry dans l'affaire de S. Thomas, parce qu'ils sont les premiers qui aient fait ressortir ce qu'il y a de grand et de sublime dans son rôle. Lis son histoire dans Godescard, Fleury ou tout autre,.. S. Thomas paraît comme un autre; dans Michelet et Thierry, il a grandi de cent pieds pour la gloire de l'Eglise, et par le travail d'hommes qui ne sont certes pas suspects de partialité (34). Les premiers ils l'ont montré faisant triompher le droit sur la force par son invincible constance, délaissé du pape et de l'Eglise, et mourant généreusement pour ses libertés...

Quand j'aurais cité Michelet seul, son autorité est très grande. Son histoire est entièrement tirée des sources originales; il l'a piochée laborieusement...

Trouve-moi dans l'histoire que [Henri II, avant juillet 1174] ait dit seulement à S. Thomas le quart d'un *Pater noster!* Jurer qu'on n'a pas tué un saint homme, jurer assez plaisamment qu'on a été plus fâché que réjoui de sa mort, n'est pas le vénérer comme saint, et lui bâtir des églises... Dans la crainte que tu n'aies pas le passage suivant [sur Etretat], je te l'envoie; j'ai pourtant l'idée de l'avoir vu cité quelque part, peut-être dans *Etretat et ses environs*, ouvrage tiré entièrement d'une source très originale (35)...

Mon cher, j'ai vu l'autre jour M. Périaux qui m'a remercié beaucoup des *Cachots* (36), qui paraîtront probablement, m'a-t-il dit, avant D. Guillaume. L'intrépide imprimeur te demande, sous forme de petite chronique, une idée des travaux à faire à Saint-Jacques de Dieppe, au sujet des 10,000 francs qu'il a vus alloués par le Gouvernement. Ne recule pas, mon cher...

En quittant M. N. Périaux, je rencontre Chéruel dans la rue : « J'ai toujours D. Fillastre entre les mains, me dit-il. Je trouve l'article bon, intéressant, et je vois peu de chose à retrancher. » Que veux-tu de mieux? Après, tu ajouteras ce que tu voudras. Ne crains pas que Chéruel répande de mauvais esprit dans l'article... Il est plein de vénération pour les Bénédictins en général; je le sais par ses dires et ses écrits (37).

XXXI.

[*Sans date*]... J'ai vu hier des menuisiers et des maçons taper, casser, briser et réorganiser tout dans la grande salle des archives que tu as vue, pour préparer le local des classes de la Faculté. Les travaux de bancs, de chaires, d'escalier, etc., pourront durer un bon mois. Il est probable que les cours ouvriront avant la fin de l'année, d'autant plus que les docteurs Fayet, Malleville et autres en sont très pressés, leur traitement étant suspendu jusqu'à ce qu'ils soient en exercice (38)...

J'ai vu hier M. Périaux qui garantit sur tous ses grands dieux que D. Fillastre verra le jour le 31 mai, ni plus ni moins. Tas de

brigands qui persécutent un grand homme si cruellement
oublié... Je n'ai pas pensé à parler des *Cachots*; je ne sais ce
qu'ils sont devenus. Ils n'ont point paru dans le n° de mars.
C'est sans doute pour mai ou juin 1842. Informe-toi, écris;
imprimons, et tout de suite. Encore une fois, tu peux
gagner 20 francs dans une imprimerie commune. Je
connais D. Guillaume; il ne tient pas à une robe si brillante et à
un si riche *cucullus*... Nous ferons voler D. Guillaume par tout
l'univers des terres, depuis la Patagonie jusqu'au pays des
Samoyèdes.

Écoute... que je te dise une nouvelle que je t'ai toujours
cachée dans la crainte que tu ne meures de joie en l'apprenant
(l'histoire mentionne de tels accidents). Je t'ai parlé de M. Deville
qui avait promis assistance; oui, mais à condition qu'un cours
serait établi. Le bonhomme *** a dit oui; *quid non mortalia pectora
cogis. Auri sacra fames!*... J'ai donné déjà trois leçons aux trois
premières classes réunies, ça va bien, trop bien! J'ai été honoré
de la présence de deux professeurs, un troisième y viendra à la
leçon prochaine; et le P. C*** (*tu quoque!*) veut y venir aussi.

Je crains le retentissement. Il n'est pas temps encore de sortir
des catacombes : le P. David peut tout renverser d'un mot. Ne
promène pas cela partout. Il me semble que je n'ai pas mal
gabarré l'affaire... O clergé de Rouen! un jour sans doute tu
m'élèveras un monument dans le plus beau style ogival, XIII° siècle
tout pur, avec pyramide à crochets qui portera jusqu'aux
cieux... (*sic.*)

Fais bien attention que dans mon cours, je ne parle point
d'antiquaires, d'antiquités, d'archéologie, etc. Je ne parle que de
l'étude de l'histoire par les monuments; je me fais l'auxiliaire
des professeurs d'histoire. Hé bien! je veux de cette sorte avancer
plus la science que si je rompais en visière, que si je m'affichais
comme antiquaire, que si je récriminais contre les anti-
antiquaires, etc. Adieu.

XXXII.

[*Sans date*]... Ah! çà, pourtant, à la fin, D. Guillaume gémit
sous les presses de Nicétas Périaux; il y gémit en ce moment.

Entends-tu bien ? 200 exemplaires in-8°, environ 30 pages, 60 fr. et voilà !... Je paierais 50 écus pour savoir ce que X*** dira. Il est fait pour trouver plus de six fautes d'orthographe dans l'ouvrage. Je l'ai trouvé éteignoir encore plus éteint qu'à l'ordinaire.

J'ai donné dimanche soir ma quatrième leçon *d'histoire par les monuments*. Ça fait fureur. Je n'ai fait jusqu'alors que des explications historiques et préliminaires. Dimanche prochain, j'aborderai le détail des rares monuments du roman primitif, de 400 à 1000 ; la crypte de S.-Gervais et la vieille église S.-Paul seront passées en revue. J'ai promis à nos académiciens de les conduire à la crypte après leur prochaine séance, ce qui pique vivement leur curiosité.

Bon nombre d'élèves se sont procuré des traités d'archéologie. Quand le cours en resterait là, la science ne périrait pas ici : le feu, une fois allumé, brûle tout seul. M. Couillard est content... Et puis les professeurs de rhétorique et de seconde... saisissent toutes les occasions d'inoculer aux jeunes gens le poison archéologique. Le P. T*** dans son cours d'histoire de France, qu'il sait parfaitement, n'a pas abordé le XIe siècle sans parler du blanc manteau d'églises gothiques, etc., etc...

Ne renvoie point ton épreuve,... que je ne t'aie écrit. Il pourrait arriver que dans mes matériaux sur Fécamp, je découvre quelque chose que tu pourrais ajouter au monument immortel de l'immortel D. Guillaume. Je vais m'en occuper d'avance. Tout à toi.

XXXIII.

[22 *Mai* 1841.] A Monsieur l'abbé Cochet, membre de la Commission des Antiquaires de la Seine-Inférieure. Ha ! ha ! tu en tiens, je crois, mon fils ; c'est bon ! Fallait pas m'appeler bénédictin dans un ouvrage qui a couru une partie de l'Europe !

Deux cents exemplaires par M. Cochet, membre de plusieurs sociétés savantes (ce qui ne prouve rien) me sont arrivés mercredi soir. D. Guillaume est vêtu en cardinal, convenablement et dignement. Je l'ai emballé dans une hotte, tout comme Enée emballa jadis ses pénates et son père Anchise ; je l'ai expédié mercredi soir par la poste embourbée qui fait une lieue en deux heures, et arrivera à Dieppe je ne sais quand. Tu vas sans doute préparer une ovation à mon compatriote, et abattre ainsi la majesté d'Etretat, ville très romaine et très gothique, aux pieds du rustique habitant du Tilleul... O D. Guillaume, tu n'as plus que les Alpes à sauter, et Rome accourt au devant de toi : « *Quùm urbes effusœ adirent ad eum.* » Heureux Cochet ! *membre de plusieurs sociétés savantes !* Ton nom monté en croupe derrière celui de mon compatriote, vole des bords de la Seine aux rives de la Loire.

Envoie-moi des exemplaires revêtus de ta griffe, pour qui tu voudras ; un surtout pour l'abbé Gouel, le grand véhicule de notre correspondance. Je lui en donnerais bien un, mais la griffe de l'auteur ! Il faut ta griffe...

J'ai parcouru bien des fois Eudes Rigaud ; je n'ai rien trouvé sur les paroisses de Dieppe, pas même leur nom ; je ne sais pourquoi. Dieppe était fameux dès le XII°, et même dès le XI° siècle, après la conquête :

.... Haud procul famâ celeberrimus, atque
Villa potens opibus florebat, nomine Deppe.
Philippid. IV, 56 ; ad annum 1194....

XXXIV.

2 *Juin* 1841... Je n'ai pas vu M. Périaux pour l'abonnement à la *Revue* ; je ne veux pas le voir non plus, si tu ne promets pas ta collaboration qui devait cesser, il me semble d'après tes lettres. Ainsi un mot là-dessus.

Je vais cette après-dîner à la Bibliothèque, voir le n° de mai. D. Fillastre y est ; je ne sais si c'est en entier ou par extrait (39). On m'a dit aussi que le même n° annonçait le cours d'archéologie du séminaire, ce qui m'a fait bisquer. Qui les a mis au courant de l'affaire ? Au reste, on m'a dit qu'ils avaient mis « Grand-Séminaire » par erreur. Je ne réclamerai pas (40).

J'ai remis les D. Guillaume *griffés* par toi, à leur adresse, moins les n°ˢ des grands vicaires et de l'abbé Lebel. J'ai consulté les gens du parti, Lefebvre, Colas, C*** père et fils ; tous comme moi ont pensé que notre savant ami de Dieppe se brûlait à la

4

chandelle, et qu'il fallait garder les exemplaires... L'abbé Colas
en a donné un exemplaire à M. de la Quérière, son paroissien,
auteur des *Maisons pittoresques de Rouen*, qui a beaucoup loué
ton travail. MM. Couillard sont contents : pourtant le neveu est
fâcheux, comme tu sais...

Quand recevrai-je pour tes deux liards l'éloquent discours
prononcé aux orphelines (41) ?... Je ne demande pas deux fois une
chose raisonnable.

Or donc, il était un petit homme qui disait dans son *Histoire
de Graville*, que la Révolution française (la cruelle qu'elle est !)
en un jour renversa l'ouvrage de quinze siècles et de soixante
rois. *Salvâ reverentiâ, nego majorem,* comme disent les perruques
scolastiques.

Cette phrase n'a pas de sens, si elle ne signifie que 60 ou
70 rois, plus ou moins, ont tous agrandi, consolidé la monarchie
française, ont tous apporté leur petite pierre au grand édifice
que nos pères virent choir moult piteusement en l'an 1792... (*sic*)
Mais comment ! mon cher, l'empire de Charlemagne fait-il suite
à la misérable monarchie des derniers fainéants mérovingiens ?
Y a-t-il là d'autre connexion que la suite du temps ? Autre chose !
Moins de deux cents ans après Charlemagne, ses imbéciles
successeurs ne possédaient plus rien de ses vastes conquêtes.
L'empire français se bornait à la ville de Laon et à son territoire ;
en Bretagne, en Aquitaine, de tous côtés, on traitait de peuple à
peuple avec le roi des Francs. Un autre royaume, quoique sous
le même nom, recommence avec les Capétiens. A son tour, il
était près de périr à Bouvines sous Philippe II, à Poitiers sous
Jean II, et au XVe siècle sous le faible Charles VI. La monarchie,
telle qu'elle tomba en 92, est-elle l'ouvrage de tous ces gens-là ?

Si tu dis oui, pourquoi alors s'arrêter à Pharamond ? Il y avait
des dynasties royales avant lui. Combien de rois, nommés dans
César Dumnorix, Vercingétorix, etc. Et les rois Visigoths dans le
midi sous l'époque gallo-romaine ! Il n'est pas une époque dans
l'histoire, où l'on ne trouve des rois ou des roitelets dans le pays
qui répond à notre France actuelle. On remonterait ainsi jusqu'au
déluge ; on remonte bien haut en suivant seulement l'*Histoire des
Gaulois* par Amédée Thierry, le frère du célèbre Augustin
Thierry.

Mais comment rajuster, remboîter tous ces rois les uns avec les autres ! Plusieurs Carlovingiens possédèrent plus de royaumes en Europe que Louis VII ne possédait de départements de la France actuelle au temps de Henri Plantagenet. Cette chaîne de 60, 80, ou 100 rois, si l'on veut, « ingénieusement numérotés, » comme dit Augustin Thierry, se brise en vingt endroits. Et quand la monarchie de Clovis fut partagée en quatre, en trois, en deux royaumes, où était le roi de France ? celui qui complète la série des soixante rois ?

En aucun cas ton « ouvrage de soixante rois » n'est admissible. Voulais-tu dire le nombre de monarques qui régnèrent en France avant Louis XVI ? Alors, il fallait dire 80, 100, peut-être 150. Je n'exagère pas ; que de rois de Bourgogne, d'Aquitaine, etc., etc. ! Voulais-tu dire que tous ses prédécesseurs ont travaillé successivement à l'agrandissement de la monarchie ? Impossible à croire. Mon cher, ces longues séries de rois fabriquées par les Velly et autres, sont bonnes tout au plus pour les temps rapprochés de nous, mais non pour ce qui a précédé le Xe siècle. Avant ce temps ce qu'on nomme un roi de France, ce qu'on habille de fleurs de lis, etc., n'était parfois qu'un conquérant féroce, qui errait çà et là, faisant des courses, et puis s'enfonçait dans la Germanie, son ancienne patrie.

Ah ! mon cher, que les Anquetil, Mézerai et autres, ont ôté à notre histoire sa vraie physionomie dans les temps barbares ! A les entendre parler de cour, de galanteries, de sensibilité, d'hyménées, de politesse, de goût, de fêtes superbes, au temps de Clovis et des Mérovingiens, croirait-on qu'il s'agit tout bonnement d'un peuple qui est à assimiler en tout aux Cimbres, aux Teutons, aux Vandales, à tous les barbares de la Germanie, y compris les Chérusques et les Marcomans, dont il était compatriote. Grâce aux rudes chroniqueurs de ces rudes siècles, popularisés [plutôt réunis] par D. Bouquet et ses confrères, les temps primitifs de l'histoire nationale grandissent de toute leur barbarie. Un vernis de grâces modernes les rajeunissait gauchement, comme le frais badigeon qui déshonore nos vieux temples. Mais c'en est fait de Loriquet, de Velly, de Du Haillan, de Nicole Gilles, et autres badigeonneurs des époques franco-gauloises.

XXXV.

4 Juin 1841... J'ai lu dans l'*Histoire de la commune du Tilleul...*
« Dans les murailles de la sacristie on remarque de larges briques
disposées en arête de poisson. C'est une particularité qui révèle
ordinairement le XIVe siècle. » Mais sambleu ! j'ai vu des arêtes
de poisson à Saint-Georges, j'en ai vu à la tour normande de
Vatteville-la-Rue ; l'arête de poisson est normande et non française.
Je lis dans M. de Caumont : « Au XIIIe siècle, on cessa de
disposer les pierres en arête de poisson (p. 147 du *Précis de
l'Histoire sommaire de l'Architecture*). »

Je suis toujours dans l'extase de la contemplation devant le
grand arbre généalogique, devant la tour de Babel des soixante
rois. Qu'est-ce que nos plus beaux arbres de Jessé auprès de
celui-là ? Cette gueuse de Révolution ne s'est-elle pas avisée de le
couper par le pied, sans respect pour les soixante monarques
perchés sur ses branches. Mais ne crions pas si fort ; il était déjà
bas à la fin des Carlovingiens, bas sous Childéric l'idiot au
VIIIe siècle, bas, transformé, raccommodé, anéanti, comme en
719 après le dernier Clotaire, puis créé de nouveau par quelque
Charles Martel ou quelque Hugues Capet, etc.

Bref, les fureurs populaires ne datent pas de 93. Il faut voir
au XIIe siècle comme les nouveaux *bourgeois* des nouvelles
communes menaient battant le monarque et la monarchie, les
puissants évêques et abbés auxquels ils avaient arraché à la
pointe de l'épée leurs franchises municipales (42). Oui, plus d'une
fois avant 93, l'hydre plébéienne avait dévoré le trône ; il est
vrai qu'elle n'avait pas encore mangé le monarque...

XXXVI.

9 Juin 1841... Quand j'ai été prêtre moi-même, je n'ai pas
même demandé à aller dire une messe basse au Tilleul, tant je
suis peu importun et peu exigeant pour les sorties... Encore si
pour me consoler, je te voyais gouverner en haute mer ! Mais j'ai
la douleur de voir ta brillante nacelle se briser sur les récifs de

la côte, montée par des pilotes aveugles ou borgnes tout au moins, et remorquée par une escadre de maries-salopes, telles que les histoires du président Hénault, de Scipion Dupleix ou de M. de Thou, vieilles carcasses qui font eau de toutes parts...

Ton journal me paraît une bonne idée ; mais comment le faire vivre ? Il faut de l'argent et des rédacteurs. Des rédacteurs, on en aurait, mais des abonnés ! c'est précisément ce qui gêne la *Revue de Rouen*. Et puis les supérieurs, mon cher !... L'abbé Selecque écrit quelquefois dans le *Phare*, et cela ne produit pas toujours un bon effet auprès de tout le monde (43). Au reste, comme tu voudras ; mais l'affaire ne me paraît guère viable.

Je te renvoie un *Bulletin* de la Société française un peu mal-traité : il a couru tout le Grand-Séminaire, avec celui que M. de Caumont m'a donné. C'est de la propagande occulte.

Quoique je sois bien fatigué, écoute, je te vas conter un tour. Ce que c'est que de lire dans les gros livres de D. Bouquet, col-lecteur des *Scriptores rerum francicarum et gallicarum*. Ecoute. Me dirais-tu bien, toi, illustre antiquaire, d'où venait aux barons du Bec le surnom de Crépin. Attention ! *Gislebertus, ab habitu-dine capillorum, primus* Crispini *nomine... Nàm... habebat capillos crispos...* »

XXXVII.

19 *Janvier* 1842. — Oui, oui, crois-tu que nous autres préfets, nous avons le temps de nous occuper des écrivasseries d'un pro-vincial sur les sépultures, les fabriques d'églises, etc. Depuis que je me suis abouché avec mon confrère le préfet de la Seine-Inférieure, j'ai des archives vingt coudées par dessus la tête, tout juste comme les eaux du déluge par dessus les plus hautes montagnes. J'ai sous les yeux en ce moment, je touche, je vé-nère, j'adore la charte *originale* d'Henri II pour la fondation du Valasse. *Originale*, oui, *originale*, c'est bien elle ; et non pas un *vidimus*, comme a donné Dumoustier....

On ne se rend pas tout à fait à ton interprétation du bénitier. Mais on a été très agréablement surpris de voir en quelles contra-dictions et bévues peut tomber la race des antiquaires...

XXXVIII.

9 *Février* 1842. — Ta lettre est arrivée trop tard le jour de l'assemblée de la Commission... Le lendemain, un article du *Progressif cauchois* était répété dans le *Journal de Rouen*, relativement à la trouvaille (44).

Il faut te dire que le compère Fallue, qui est aussi *commissionnaire*, m'accosta à la sortie de la Commission. Grand émoi, grande doléance au sujet des lettres de D. Tassin que l'abbé Cochet aurait publiées dans une biographie de D. Fillastre. « Moi, j'avais découvert ces lettres aux Archives. J'ai été bien bon de vous les montrer. Je les ai annoncées comme inédites dans mon *Histoire de Fécamp ;* et voilà que j'apprends qu'on les a publiées avant moi ! etc., etc.; » un *potin* à faire compassion ! Moi, je ne me rappelais plus le contenu de ta... brochure. J'évitai de contester et je l'apaisai comme je pus. De retour ici, j'ouvre D. Guillaume, et je vois que tu as inséré un fragment relatif à son histoire que D. Tassin demandait à ses confrères de Fécamp. C'est les lettres de D. Guillaume que tu as publiées, mais elles n'étaient pas inédites, et Fallue n'a rien à y redire.

Je l'ai revu depuis, je lui ai remis la brochure ; il a paru calmé. Je lui ai demandé, en conversant, s'il avait vu les archives du Calvados, pour Troarn, Saint-Gabriel, etc. — « Oui, me dit-il, j'ai passé quinze jours à Caen pour cela. » J'allais lui demander s'il avait vu les chartes du notaire de Montivilliers ; je me tus dans la crainte de le faire mentir davantage. Je lui disais : « Est-ce que vous ne connaissiez pas les lettres de D. Fillastre ? — Oui, certainement, dit-il, je les ai vues dans les Annales bénédictines de Mabillon [où elles ne sont pas]. » O Robert Macaire ! « Eh bien ! voilà du nouveau à Etretat. L'abbé Cochet vient de faire une découverte qui l'aura bien réjoui. » — « Comment ? Mais non ! ça n'est rien. J'ai fait fouiller là aussi, sur le même emplacement : j'ai vu tout ce qu'il a découvert. Prenez-vous ça pour du nouveau ?» O Robert Macaire ! ô Mandrin ! ô Cartouche ! votre gloire est passée. Guilmeth, oui, Guilmeth lui-même est un honnête homme auprès du compère des compères, du Robert des Roberts.

Ecoute, toi, dis donc : as-tu vu des moulins à vent du XIIIe siècle ? (45)...

O mon cher, j'ai fait dernièrement une descente au dépôt des Archives de la Préfecture. Grand Dieu ! quel océan, quelle forêt, quel chaos d'archives de châteaux, d'églises, d'abbayes... toutes les archives de l'ancienne Chambre des Comptes, toutes les anciennes insinuations ecclésiastiques du temps des bénéfices, etc., etc. Mon cher, j'en suis sorti accablé...

Il ne reste presque plus rien du Valasse : tout aura été pillé. Pas un acte de visite, pas un acte capitulaire. J'abandonne donc le Valasse, qui ne m'a fourni qu'une centaine de chartes, que j'ai fait copier par notre professeur de huitième, qui est de Gruchet et grand amateur.

Je songe à Montivilliers. Montivilliers est au dépôt de l'archevêché : ça me sera plus commode...

XXXIX.

24 *Février* 1842. — J'ai lu ta découverte dans l'*Union catholique*, journal de Paris très répandu, fondé par le P. Moigno en question (46). Or, si ce n'est pas la fille d'Arago, c'est sa petite-fille ou sa nièce. Mais je crois bien que ton docteur t'a fait du Robert Macaire...

Mon cher, je suis gonflé, poussif, ivre, dégoûté d'archives : cette semaine, je n'ai copié de Montivilliers que la prise de possession de Mme de Bellefonds, reçue sous un dais porté par les échevins, haranguée à toutes les portes possibles, escortée par la milice bourgeoise commandée par les quarteniers ; le tout avec la signature de toutes les sœurs du couvent qui lui baisèrent toutes les pieds si elles étaient novices, les mains si elles étaient professes, etc., etc. Tout ça, ce n'est que de la gnognote. J'ai de plus une charte de saint Louis, et une bulle papale confirmative de la réforme de l'abbaye après les désordres du XVIe siècle. J'ai reporté hier ces originaux ; j'ai rapporté un gros registre du XVIIe siècle... mais ce diantre de registre est diantrement difficile à lire ; et je suis fatigué, rassasié, je vais expirer couché sur mes trésors, expirer comme Ververt sur un tas de dragées...

Et je ne connais pas, moi, les docteurs en chimie et zoologie pour montrer tes échantillons. Il faudra pourtant que je trouve moyen de les aborder...

[*En post-scriptum.*] En relisant ta lettre, je m'aperçois que j'ai oublié les deux almanachs ; mais je m'engage *tactis Dei Evangeliis* à te les envoyer dans huit jours. *Et ut ratum hoc futuris seculis permaneat, trado chartam hanc, sigilli mei munimine roboratam, testibus Henrico Gouel et pluribus aliis.* LANGLOIS.

XL.

[*Sans date.*]... J'ai pensé qu'il était avantageux *pro remedio animæ tuæ et omnium antecessorum tuorum*, comme disent les chartes, de te faire pratiquer à la fin de la sainte quarantaine un jeûne plus rigoureux.

Comme je n'avais pas de lettre à écrire, j'ai eu tout le temps d'aller et venir tout à mon aise sur tes voies romaines, comme un vrai inspecteur des cantonniers. J'aurais le droit de ne te rien dire, puisque tu ne m'as rien dit de mon brouillon sur notre église : mais je vais parler tout de même.

D'abord, je ne dis rien d'une amplification un peu écolière, un peu longue sur' le Havre, sur ses cotons, savons, poivres, sels, dindons et cornichons, etc., etc. A la première lecture, j'étais tout ébahi de m'enfoncer jusqu'au cou dans le moderne, m'étant attendu à plonger dans l'ancien. Après le Havre viennent tous les êtres réels ou imaginaires qui fourmillaient jadis sur les voies romaines de l'arrondissement : cracotiers, poissonniers portant rocailles, vignots, lampotes, rouges, hacs, roussettes, etc., etc., mareyeurs, à babord ; idoles, statues, médailles, civilisation à tribord. Voilà qui est bien : nous connaissons les acteurs, la comédie est jouée.

Puis tu te mets à bâtir le théâtre, et tu nous mènes par la main aux lieux sillonnés par les voies romaines. Tu vois, ou tu ne vois pas que ta distribution est vicieuse : le théâtre d'abord, les voies avant tout ; après tu mettras les peuples en scène. Toute histoire, et surtout toute petite histoire, doit commencer par la topographie, par la description des lieux... Je soutiens que dans tout écrit la distribution est quelque chose. Prouve-moi d'abord qu'il y avait des voies romaines, montre-les-moi ; après cela, fais galoper tout ce que tu voudras dessus, et je te croirai plus facilement.

Maintenant j'aborde le fond. Du *Neustria pia*, de la *Gazette de*

Normandie ; possible que ce soit bon, mais ça ne craque pas fort aux oreilles des gens du métier. Tu puises à des sources peu autorisées, peu renommées ; qui connaît aujourd'hui la *Gazette de Normandie* (47) ? Je veux que le P. Gaillard ait quelque autorité : mais il est un peu reçu qu'on se met à l'aise en écrivant des feuilletons dans une gazette de province, et qu'on ne tient pas à la rigidité historique. « Imbécile ! dis-tu ; mais n'ai-je pas cité Strabon ? » Strabon ! à la bonne heure, ça sonne plus fort ! Mais, halte-là ! J'interjette clameur de haro sur le passage du dit Strabon. M. Chéruel, dans un article remarquable sur l'*Ancien commerce de Rouen* (48), invoque précisément le dit passage pour Rouen, et combat *tanquàm pro aris et focis*. « Rouen sous les Romains, dit-il, dut être l'entrepôt du commerce avec les régions septentrionales. » Voilà, mon cher, ce qui pourrait faire tomber un peu le commerce de Juliobona, et vider son entrepôt.

Je vois bien qu'il te reste toujours les cracotiers et marchands de moules d'Etretat, lesquels M. Chéruel n'oserait pas appréhender au collet : mais tu seras obligé de lui abandonner le reste. Il cite des autorités, entre autres une charte du bon roi Dagobert (VIe siècle ; le monde gallo-romain n'était pas alors effacé du sol de la Gaule). Cette charte énumère le miel, le vin, la garance qui arrivaient à Rouen ; elle fixe les droits à payer par les habitants de Rouen à la foire de Saint-Denis (*apud* BOUQUET, IV, 627).

Voilà une autorité, voilà un commerce qui n'est point imaginaire ni sorti du cerveau d'un auteur. Mais toi, trouve-moi seulement une demi-aune de la toile des Calètes dans l'histoire ! Trouve-moi la queue d'une bête chassée par les Belges, et tant seulement un petit verre de cette cervoise que les Flamands brassaient pour Juliobona ? Là-dessus, mon cher, les opinions me paraissent très libres, et peuvent se ramifier et se bifurquer tout à leur aise. Tu vois que M. Chéruel ouvre une concurrence redoutable contre les boutiquiers gallo-romains de Juliobona. Je t'accorde la rocaille et les moules, plus tous les cuirs qui se faisaient à *Caracotinum* [Harfleur] et dans la vallée de Montivilliers. Mais ne va pas nous faire de Juliobona une ville pour laquelle travaillaient la Flandre et la Belgique, la Grande-Bretagne, l'Ile-de-France, la Champagne, les pays du Rhin, etc., etc. ; ou bien prouve !...

Mais où as-tu vu que c'était tout droit par Juliobona que Rome recevait les tributs des Belges et des Bretons, les derniers des hommes, *et penitus toto divisos orbe Britannos*. Mais prouve donc et avec autre chose que du Virgile. Ne pourrais-je pas prétendre avec plus de raison, que les tributs des Bretons passaient la mer du côté de Boulogne, comme César, comme Constance Chlore, comme tous les empereurs qui ont visité les Iles Britanniques. Mais si tu mets le transit à Lillebonne, le transit des Bretons, le transit des Belges,... (*sic*) je ne puis faire un assez grand effort de foi pour te croire.

J'admettrai avec toi que ta légion de suppositions n'est pas absurde, que même la plupart sont probables. Mais, mon cher ; mais, mon cher, c'est un principe en matière d'histoire qu'il faut toujours procéder d'après des preuves ; sans quoi on ne consigne plus sur chaque page que des probabilités à la place de faits. Donne-moi telle ville ruinée que tu voudras ; et je parie te la doter d'un commerce quelconque tout aussi bien prouvé que le tien. Je veux bien qu'il y ait eu des salines à Bouteilles, des marsouins à Etretat, de la crevette à Tancarville, des dindons au Tilleul,... et des cruches à Mélamare ; mais ça ne prouve pas que tout ça venait au marché de Juliobona tout droit, comme le père Flippe D*** allait à Gonneville, *montai* sur la *Blanche*.

Tiens ! veux-tu que je te conte ta bonne aventure ? Ecoute, et dis si je mens : « L'abbé Cochet est dévoré du désir de savoir ; mais il n'a ni livres, ni archives, ni rien de ce qui fait les sources de l'histoire. Alors sa prodigieuse imagination et sa plume singulièrement facile viennent à son secours. Il sort des merveilles de son cerveau ; mais mieux vaudrait qu'elles sortissent des auteurs contemporains des faits qu'il raconte. »

En deux mots, j'accepte le tracé de tes voies, j'accepte même ton immense commerce ; pourvu que tu en retranches une bonne partie. Quand on sent qu'un auteur va au-delà du vrai, on le croit difficilement, même quand il prouve. J'agrée le tout, pourvu que tu changes le bâton d'épaule, et que tu ne fasses pas rouler les voitures à travers champs, avant que les chemins ne soient faits. Si tu as quelque chose d'amusant à dire sur le Havre, Harfleur et Juliobona, garde-le pour la bonne bouche, et non les épines des chartes et des cartes, non la sécheresse des preuves et l'eau claire de la *Gazette de Normandie*.

Voilà, j'espère, une critique comme il est rare d'en rencontrer souvent. Tu vois bien que j'ai voulu *garrire paulò liberiùs* (49). Mais, n'importe ; il y a du vrai dans mes dires : tu imagines trop. Je doute que la commission d'impression des Antiquaires de Normandie admit ton mémoire tel qu'il est. C'est un travail amusant, fort bien fait : eux, ils veulent des faits prouvés. Si je me trompe, tant mieux pour toi. Mais nous avons la liberté de la presse, et j'ai dit mon avis.

J'ai adressé mon mémoire à M. Deville, en l'assaisonnant du plus d'encens que j'ai pu. J'ai parlé des fonctions dont le Gouvernement l'a investi, de la statue de Richard perdue sous les dalles d'une basilique, et retrouvée par une sagacité merveilleuse (50), etc., etc. J'ai été bien accueilli. On me chicane sur quelques preuves ; néanmoins on admet l'ensemble des faits. Il promet sa protection et des secours... Je crois que nous aurons quelque chose. Mais je sens que je ne dois voir que M. Deville. Si j'avais l'air d'avoir foi en quelque autre divinité, il m'écraserait de son dédain, et ferait, s'il le voulait, une opposition invincible soit au ministère, soit ailleurs. Adieu, adieu, adieu.

XLI.

[*Sans date.*] Tu ne m'as pas écrit,... vengeance atroce, et digne de ces siècles barbares où Divitiacus et Marobaudus formaient la base de la grande dynastie de soixante rois.

Cela n'empêche pas qu'il n'y ait des faussetés, ou tout au moins des inexactitudes dans D. Fillastre, où on lit [p. 27] : «Toutes les grandes publications bénédictines sont sorties de Saint-Germain-des-Prés. » Ce n'est pas vrai : Saint-Germain n'était que l'un des grands laboratoires bénédictins, et le premier sans doute ; les Blancs-Manteaux était le second... Il y avait douze religieux à Paris qui travaillaient pour le public ; et des douze il y en avait quelques-uns qui ne s'exemptaient d'aucun exercice ni de jour ni de nuit, quoique leur travail fût considérable. Les autres avaient exemption de matines, de prime, et de complies alternativement, sans être dispensés du reste d'aucune des régularités communes.

D. Brial (qui a seul publié six à huit volumes de la collection Bouquet) fut envoyé de Toulouse à Paris en 1774 ; il s'était livré à des études positives et sérieuses. On lui ouvrit aussitôt la carrière des plus grands travaux littéraires, et des recherches historiques les plus profondes, en lui assignant une des douze places de *littérateur* en titre, établies au sein de sa congrégation. Il la remplit dix-neuf ans dans le monastère des Blancs-Manteaux, auquel appartenaient six de ces places... D. Brial travailla seul après la Révolution, il devint membre de l'Institut en 1805. Ses travaux sont infinis. Il mourut en 1828 le 24 mai, à l'âge de 85 ans. On ne dit pas comment il est mort. Je crains qu'il n'ait fait comme Daunou, son biographe, qui ne s'est pas souvenu en mourant qu'il était chrétien, religieux et prêtre...

XLII.

[*Rouen,*] *Jour de Pâques* [8 *avril*] 1855... Tu ne me reprocheras plus désormais de ne m'occuper que de lépreux, galeux, teigneux, et *ejusdem farinæ*.

Paulô majora canamus. Je tiens le Chapitre de Rouen. Je voudrais tympaniser, galvaniser ces pauvres trépassés de 1789, enfin leur tourner tant bien que mal une manière d'oraison funèbre un peu moins laconique que celle de l'illustre Fallue qui a fait leur enterrement en deux mots et une bredouille, et sans prendre la peine de jeter deux gouttes d'eau bénite sur la fosse...

Qu'est-ce que cet abbé Eude, curé d'Angerville-l'Orcher, et cet abbé Rozé, curé d'Emalleville, tous deux députés aux Etats-Généraux avec l'abbé de Pradt, pour le bailliage de Caudebec ? L'abbé Rozé périt dans les massacres de Septembre. Connais-tu ces deux constituants fournis par notre pays ? Ça devait être des gaillards armés jusqu'aux dents contre les privilèges et les privilégiés...

XLIII.

16 *Avril* 1855. — Déjà tu m'avais fait verbalement l'observation sur Nointot : je répète ma réponse qui me paraît toujours bonne. C'est que mon livre était en circulation quand j'ai su que tu avais écrit la même anecdote. Je la lus alors dans ton article Nointot

avec une sorte d'anxiété, ne sachant pas si nos récits seraient d'accord. Je fus heureux de voir que oui. J'avais basé le mien sur les archives du prieuré ⸀du Mont-aux-Malades, et quelques documents que le bon abbé Somménil avait demandés au château de Baclair. Je ne t'ai donc pas cité parce que je ne te connaissais pas. C'est tout simple. Quant à éviter systématiquement de te nommer, je n'y ai jamais songé : en preuve, c'est que les ouvrages indiqués au dos de la couverture brochée du livre du *Mont-aux-Malades*, y ont été mis à mon instigation et choisis par moi. Juge par tes yeux si j'ai voulu t'enterrer tout vivant : tu y vois en tête les *Eglises de Dieppe* qui venaient de paraître. Voilà, mon ami, comme toute la chose s'est passée. Je ne puis voir là aucun mauvais procédé. J'ai cité, comme je le devais, MM. Floquet, Barabé, Delisle, etc., etc. Pourquoi ne t'en aurais-je pas fait autant si tes livres m'avaient fourni soit la forme soit le fonds de quelque récit ? A cette date, je n'avais lu que quelques livraisons isolées de tes *Eglises du Havre*, et il y avait longtemps. Du reste, je ne me fâche nullement de ton observation, bien qu'elle soit empreinte d'un peu de susceptibilité : c'est le défaut des bons cœurs...

A Evreux, dans une assemblée préparatoire, la veille des élections [pour le choix des députés du clergé aux Etats-Généraux], Lindet monta dans la chaire du Grand-Séminaire, et annonça à tous ces pauvres curés et prêtres des campagnes qui l'entouraient que le moment était venu de secouer le joug des évêques et des gros décimateurs (51) ; et le reste sur le même ton. Juge si les curés à portion plus ou moins congrue, les vicaires à cent écus, qui étaient en immense majorité, et par conséquent étaient les maîtres du sort des moines, des chanoines et même des évêques, goûtaient la parole du curé ou plutôt du tribun Lindet. Le lendemain, l'évêque, Mgr de Narbonne, qui présidait, après deux heures de lutte... fut contraint de déguerpir, et ne put que protester, dernière ressource des vaincus. A Coutances, à Bayeux, mêmes scènes,... A Rouen, les élections furent-elles plus dignes et plus calmes ? Je ne sais ; je le conjecture seulement par la composition de la députation des deux bailliages, où l'on voit des ecclésiastiques de tout rang, excepté des chanoines qui étaient honnis et bannis comme des lépreux ; toujours un peu de gale dans mon affaire !...

A propos de notre Chapitre, sais-tu que la Bibliothèque capitulaire renaît de ses cendres. Oui, oui, vérité historique ! Les ouvriers approprient en ce moment un local. Quelques chanoines m'avaient félicité de mes deux mémoires que tu as peut-être vus dans le *Précis de l'Académie*. D'autres m'avaient dit des paroles presque sévères. J'avais donné un exemplaire à tous. Ces paroles de sympathie des uns, de quasi-mécontentement des autres me révélaient que la question n'était pas morte, et se débattait parmi les vénérables. Le parti du bon sens et de la science a triomphé. Le premier fonds va être la bibliothèque de M. Crevel, mort curé de Saint-Romain. Je me crois presque prophète, en relisant la page 60 de mon premier mémoire (52)... Je crois que M. Couillard a été le grand promoteur de l'affaire. Mgr approuve et agrée. Les legs viendront tout comme autrefois, successivement.

XLIV.

24 Avril 1855. — ... De là cette supposition dont tu m'as poignardé, à savoir que je ne connais pas ma Révolution, tandis que moi, en ce qui concerne le Chapitre, je crois la connaître mieux que toi ; ce qui ne te fait aucun tort, et ne m'est pas un grand mérite, m'occupant de ce sujet depuis plus de deux ans. Oui, oui, je la connais, et de cette connaissance sortira bientôt un mémoire qui retentira dans l'Académie et dans l'Europe comme un coup... (*sic*)... d'épée dans l'eau...

J'ai vu plus de dix listes semblables [de prêtres incarcérés] aux Archives... Toutes ces listes, y compris la tienne, sont un mystère pour moi ; et sont cousues de fautes... Le jargon révolutionnaire de Maclou, Godard, Yon et Ouen [au lieu de Saint-Maclou, etc.] indique que cette liste est au moins de 93, et vers la fin... Comment a-t-on pu y mettre M. Clémence, mort chez lui à Quevilly, en 1792, avant tout emprisonnement de prêtres dans le département ?... Une seule explication me paraît plausible : c'est que, quand on voulait incarcérer, on dressait une liste de tous les insermentés, avant même leur arrestation ; et si c'était la Commune, comme je le pense, qui faisait incarcérer, elle ne s'informait pas au district, qui était à l'étranger, qui était mort ou eaché. Toujours est-il que ces listes doivent être consultées avec précaution ; tu le vois maintenant comme moi, je pense.

Il y eut des prêtres, et même de nos chanoines, dans ces deux dernières prisons de *Lô* et de la Conciergerie du Palais, bien qu'elles ne fussent pas spécialement destinées aux prêtres. J'oubliais l'église Saint-Sever qui devint succursale de la conciergerie, quand l'encombrement y produisit des maladies....

Je te prie, mon cher ami, de ne pas m'envoyer d'autres volumes de ta collection...; à moins que tu ne veuilles me les envoyer afin que je te fasse quelques notes critiques comme aujourd'hui, si tu les trouves utiles et fondées : en ce cas envoie tout ce que tu voudras... Je n'ai montré absolument à personne tes deux volumes. Je conçois que tu m'aies recommandé cette discrétion, et que tu ne veuilles pas être reconnu pour sauveur de tant de choses. J'en reconnais beaucoup à la physionomie, à leur nature, et une autre au coup de crayon qu'elle porte sur la première page. C'est la pièce n° 8, du tome 8. C'est précisément celle que j'ai copiée avant qu'elle ne fût sauvée. Heureusement pour moi, j'ai sauvé du sauveur ma collection des synodes constitutionnels...

La « bonne résolution » que tu me recommandes pour l'avenir » ne changera rien à mon usage. Je nomme toujours et remercie au besoin les hommes qui m'ont donné des documents, et dont les ouvrages m'ont fourni des récits ou des faits : tout ce que j'ai imprimé en est la preuve. Le peu que j'ai publié est entièrement puisé dans des sources inédites, et n'avait aucune espèce de contact avec les sujets que tu as traités : c'est de la dernière évi. dence. De là mon silence sur toi, et, je l'avoue, ma négligence à te lire, parce que je ne pouvais pas trouver mon affaire dans tes publications. Prends garde, je te prie, à ce qui va t'arriver. Si tu m'attaques pour ne t'avoir pas cité, je vais te bombarder dans ma prochaine, pour ne m'avoir rien fourni dans tes ouvrages ; pour ne pas m'avoir au moins ébauché dans les *Eglises du Havre* ou ailleurs une histoire du Mont-aux-Malades de la Bibliothèque, des jubés, des musiciens de la cathédrale. Et quelle sera l'issue de cette grave polémique ? De vérifier le mot fameux : *genus irritabile vatum*, et de faire soupçonner à la postérité que nous sommes compatriotes d'Hautville *la Chicane*...

La sixième et dernière conséquence qui ne sort pas précisément des prémisses, mais de mon cœur, est que je te veux une meilleure santé ; et qu'il me peinerait d'être pour toi la cause volontaire ou involontaire du plus petit ennui.

Tout à toi de tout cœur. LANGLOIS, *Chan. hon.*

On dispose le local de la nouvelle Bibliothèque capitulaire. Dans 600 ans, quelque antiquaire de Valeine ou du Parlement [*hameaux du Tilleul et d'Etretat*] en fera l'histoire. Mais comme elle pâlira devant nos ouvrages qui seront alors des bouquins respectables ! — *Total de la lettre, 14 pages.*

XLV.

Juin 1855. — ... Pour moi, la corvée de la retraite (première communion et confirmation) m'a réduit. Il m'a fallu me mettre au lit. Je me sens cependant mieux. Mais le docteur veut m'envoyer à Vichy, ce qui ne me *sourit* pas du tout. Je n'irai qu'autant qu'il m'en fera une condition nécessaire de rétablissement ; une absence d'un mois serait gênante sous plus d'un rapport.

J'ai lu mon premier chapitre à l'Académie le 1ᵉʳ courant. Hier le second était prêt ; mais il me fallait me reposer. Il y en aura trois en tout : ce sera la question des *Trois Chapitres*, comme du temps de Théodore de Mopsueste et Cⁱᵉ. Mais je ne sais si j'achèverai le troisième cette année (53). Je suis fatigué, épuisé, plus que je ne peux dire...

Porte-toi mieux que moi. S'il faut mourir bientôt, eh bien ! nous aurons vu l'invention des chemins de fer, du télégraphe électrique, une grande route au Tilleul et à Etretat (54) et un curé à Pierrefique à la barbe de M. X.***

XLVI.

[*Post-scriptum à lettre du 2 janvier 1856*] *3 janvier.* Je décachète paquet et lettre : ça en vaut la peine ! *Pauló majora canamus.*

Arma virumque cano.. (sic).. Chevalier de la Légion-d'Honneur ! me dit-on. Je n'ai pas vu le *Moniteur :* mais j'en crois le grave personnage qui m'a appris ta promotion. Reçois, mon cher, mon *amen* mille fois répété. Cette distinction est une juste récompense de tes nombreux travaux. La croix de ton père sera bien placée sur ta poitrine, bien´que gagnée sur d'autres champs de bataille.

XLVII.

30 *Décembre* 1856. — ... Je ne suis plus professeur à la Faculté. Comment cela ? Le voici : depuis plus d'un mois j'ai une affection excessivement pénible, et à laquelle le continuel travail d'esprit pourrait donner des caractères dangereux. Cette affection, c'est l'insomnie. Voilà plus d'un mois passé presque sans sommeil, et bien entendu sans étude possible : voilà en même temps le moment venu d'entrer en besogne, de prendre possession, de commencer le cours. Mais comment l'entreprendre en cet état où je n'aurais besoin que de marcher et de fatiguer corporellement? J'ai tout exposé à Mgr. Il m'a laissé libre. Je lui ai remis ma démission de la Faculté et je garde Saint-Joseph... Tout à la grâce de Dieu.

Quant à toi, je vois que tu travailles toujours sérieusement, et que par conséquent la tête tient bon. Je t'en félicite. Je te souhaite continuation pour l'année 1857 et suivantes. Pour moi, je sens qu'il me faut, au moins pour un bon laps de temps, un entier repos, sauf mon modeste ministère, auquel je demande à Dieu de pouvoir toujours vaquer. Il suffit à mes forces et à mes besoins ; que faut-il de plus ?

Ton très affectueusement dévoué.
LANGLOIS, *chan. hon.* (55).

NOTES

(1) Ces détails intérieurs sont malheureusement trop rares, comme
s'en sont plaints nos meilleurs écrivains monastiques, par exemple
D. Pommeraye dans son *Histoire de Saint-Ouen* et D. Coquelin
dans celle de l'*Abbaye du Tréport*. M. Langlois lui-même, malgré
les plus actives recherches n'a pu les insérer qu'en petit nombre
dans son *Histoire du Mont-aux-Malades*.

(2) C'est la cinquième publication de l'abbé Cochet. Elle date de
1840, forme une brochure in-8⁰ de 16 pages et fut tirée à 50
exemplaires.

(3) Trente-quatre ans plus tard, le modeste abbé Coipel écrivait
aussi à l'abbé Cochet pour regretter que le clergé ne fût pas à la
hauteur de sa mission pour la conservation de nos monuments
(*Quelques pages d'archéologie extraites des notes de l'abbé Coipel*,
p. 33. Rouen, 1875). Mais il avait du moins à citer d'honorables
exceptions.

(4) Ce jugement sévère trouve trop souvent son application. Est-
ce que l'exploitation de l'homme par l'homme n'est pas l'industrie
la mieux pratiquée dans la société, et notamment dans le monde
des lettres !

(5) Un ancien élève de l'abbé Langlois, qui occupe à Rouen un
poste distingué, remarquait naguère encore combien il est difficile
de faire sa place dans une corporation, quand on sort d'un autre
milieu que ceux qui la composent. Il en concluait que l'on doit
encourager généreusement les universités catholiques.

(6) Il s'agit du calque de la dalle tumulaire de cet abbé. En perfec-
tionnant le procédé, l'abbé Coipel fit de ces sortes de reproductions
de véritables œuvres d'art. — Le docteur Robin dont il va être parlé,
était un amateur de Goderville.

(7) L'abbé Cochet venait apparemment d'envoyer à M. Langlois son *Histoire communale du Tilleul* (in-8° de 20 pages), qui est sa sixième brochure.

(8) Il faut entendre les feuilletons du *Journal de l'Arrondissement du Havre*, fondé deux ans auparavant, et où l'abbé Cochet venait de publier son *Histoire de Criquetot-l'Esneval*, dont il fit ensuite un tirage à part (16 pages in-8°).

(9) M. l'abbé Pain, ancien professeur au Petit-Séminaire (1829-1836), où il y avait eu cinq ans la seconde, après avoir été chargé durant quelques mois de la cinquième, puis de la troisième, était alors vicaire à Notre-Dame du Havre (*Semaine religieuse*, VIII, 383).

(10) C'est un vers de l'*Académiade* de Charles Richard (*chant* II, p. 26. Rouen, grand in-8° ; 1837). L'Académie de Rouen tira de cette œuvre méchante (je dis mal, de cette méchante œuvre) la vengeance la plus digne d'elle et la plus humiliante pour son auteur : elle l'admit dans son sein en 1843.

(11) On peut conjecturer, d'après ce qui suit, que l'abbé Cochet demandait l'avis de M. Langlois sur une *Notice* d'E. Gaillard relative à une statue antique trouvée à Lillebonne en 1828 (Rouen, 1829, in-8°). L'Institut honora ce travail d'une médaille d'or.

(12) Ces calques avaient été présentés par André Pottier aux membres de la Commission dans sa séance du 14 mai précédent. « La Commission examina ces épreuves avec beaucoup d'intérêt, » ainsi que l'atteste le procès-verbal. Dix-huit mois plus tard l'abbé Langlois fut nommé membre de la Commission (*Procès-Verbaux de la Commission des Antiquités*, I, 280 et 308).

(13) On sait qu'Henri IV n'a jamais écrit à Crillon rien de tel. La lettre tant de fois citée est sortie tout d'une pièce, avec bien d'autres documents prétendus historiques, de la plume de Voltaire (Voir la *Géographie de la Seine-Inférieure*, Arr. de Dieppe, p. 239, note).

(14) L'*Histoire de Criquetot* n'a jamais été réimprimée. Mais l'abbé Cochet n'a eu garde d'omettre le nom du savant curé de Vergetot dans ses *Eglises de l'Arrondissement du Havre* (I, 250). Il l'a cité jusque dans le *Répertoire archéologique* (col. 104).

(15) L'Académie du Petit-Séminaire tint une séance publique le 25 mai 1840, mais on n'y lut aucun travail archéologique. Trois mois

auparavant, l'élève Papillon (aujourd'hui curé de Saint-Etienne-du-Rouvray) avait présenté le 25 février uue *Notice amusante sur une pierre tumulaire de l'église du Mont-aux-Malades*, avec empreinte de la dalle (*Registre* [manuscrit] *de l'Académie*, t. II, p. 109). On voit tout de suite l'influence de l'abbé Langlois dans le choix d'un tel sujet, et dans le dessin qui l'accompagne.

(16) La construction de l'église de Bonsecours présente une particularité qui mérite d'être consignée ici, d'autant plus qu'elle n'a peut-être jamais été écrite, et que ceux qui ont raconté l'histoire de ce sanctuaire paraissent tous l'ignorer.

Quand l'abbé Godefroy songea à la rebâtir, il voulait construire un temple grec. Il ne changea d'avis que sur les représentations de quelques séminaristes, entre autres dc MM. Liégeard et Alliaume qui lisaient alors chez lui l'*Histoire de sainte Elisabeth de Hongrie* par Montalembert, dont ils lui soumirent les aperçus. Ainsi à Montalembert et au P. Arthur Martin est dû le premier retour de notre pays à l'architecture gothique.

(17) Le mot *gernotte* a été admis par M. Littré dans son *Supplément*. Le nom scientifique de cette mauvaise herbe est *terre-noix*.

(18) Si l'objet découvert était réellement ancien, il pouvait bien être une brique romaine plutôt qu'une tuile. C'est l'absence de rebords surtout qui le fait supposer.

(19) L'abbé Cochet explora de nouveau le Château-Gaillard à la fin d'août 1842, et rendit compte de ses recherches au mois de janvier suivant dans la *Revue de Rouen*. Il y découvrit en effet une maison romaine. Il reprit plus tard ses fouilles sur ce point intéressant (Voir *Procès-Verbaux de la Commission des Antiquités*, 11, 19-20) qui fait partie de la commune de Bordeaux-Saint-Clair.

(20) On sait qu'aujourd'hui ce pouillé est accessible à tous, puisqu'il a été publié dans le XXIII° vol. des *Historiens de France*.

(21) L'abbé Langlois citait ici la note finale du pouillé, laquelle a été imprimée par M. de Beaurepaire dans l'*Inventaire sommaire des Archives* (G. 2).

(22) A vingt-cinq ans de là, l'abbé Cochet reprenait ce jugement, rigoureux presque jusqu'à l'injustice, en s'écriant dans une lecture des sociétés savantes à la Sorbonne : « On ne cite pas Farin ici ! » Soyons moins exigeants, et souhaitons seulement que nos auteurs

contemporains, passés et futurs, *reproduisent toujours exactement*
ces maîtres d'un autre âge qui leur ont frayé la voie.

(23) L'abbé Cochet a-t-il battu en brèche ce bel.éloge? On l'ignore.
En tout cas la réplique eût été aisée. Les défauts de nos historiens
des deux derniers siècles consistent soit en inexactitudes, soit en
une mise en œuvre malhabile ou incomplète des matériaux ; mais
les fautes des historiens contemporains tiennent aux principes
mêmes ou à une impiété systématique. N'est-ce pas dans les plus
célèbres d'entre eux qu'un pauvre curé de village, l'abbé Gorini, a
relevé plusieurs centaines de faussetés dont la religion a le droit de
se plaindre ? Qui affirmera après cela que sur les points dont l'Eglise
n'a pas à se préoccuper, ils ne soient point également vulnérables ?
Car, Gorini l'a très bien remarqué, «leur génie impatient bâtit une
théorie à propos de la première syllabe qu'ils ont entrevue. » Par
exemple, pour ne parler que d'un fait qui intéresse notre pays,
comment se fait-il que dans cette *Histoire de la conquête d'Angleterre*, jusque dans la dernière édition (vol. III, p. 78), on lise que
saint Thomas Becket était saxon, tandis qu'il suffit d'ouvrir un
Godescard pour connaître l'origine normande de Becket, et qu'un
biographe anonyme, contemporain du saint martyr (*Patrologie
latine*, CXC, 278, D.), affirme que Rose, sa mère, était de Caen et
Gilbert, son père, de Rouen *(patriâ Rotomagensis)* ? C'est qu'il y
avait là une nouvelle application du système arbitraire de la rivalité
des races dont M. Léon Aubineau a fait si bonne justice dans la
Critique et réfutation de M. Augustin Thierry (Paris, 1851 ; in-18).

Plein d'admiration pour nos historiens modernes, M. Langlois esti-
mait davantage encore la méthode grave et précise des Bénédictins.
Son *Histoire du Mont-aux-Malades* n'a pas la chaleur et le coloris
des premiers, mais rappelle bien la manière ferme et sûre des autres.

Les vues historiques de l'abbé Langlois sont d'autant plus remar-
quables qu'elles étaient toutes personnelles. A peine avait-il pu
étudier l'histoire durant ses études classiques. L'Eglise, allant au
plus pressé, s'était surtout préoccupée de former des humanistes :
et vraiment elle y avait réussi, à servir de modèle aux habiles de nos
jours. L'abbé Cochet aimait à raconter que le cardinal de Croy
confirmant au Mont-aux-Malades, le 19 juillet 1829, se prit à dire,
en apprenant qu'on y cultivait surtout l'histoire sainte : « Il faut
apprendre toutes les histoires ! »

(24) L'abbé Cochet profita du conseil, et on ne voit parmi ses
nombreux ouvrages qu'une note de 4 pages (*op.* 73) sur la *Voie*

romaine de Lillebonne à Etretat, publiée d'abord par le *Journal de Bolbec* (1866). Quand il traita en grand cette question dans sa *Seine-Inférieure historique et archéologique*, en 1864, il ne pouvait l'éviter ; et d'ailleurs, trente années de labeur lui donnaient le droit d'avoir une opinion.

(25) Ce mémoire n'est pas mentionné dans les *Procès-Verbaux de la Commission*. On y voit seulement (I, 329), sous la date du 5 janvier 1849, qu'une allocation de 300 fr. fut votée par la Société française d'archéologie, et servit à déboucher quelques-unes de fenêtres de l'église du Mont-aux-Malades.

(26) L'abbé Cochet, après une visite à l'église Saint-Jean-d'Abbetot, en signala le déplorable état à MM. Deville et Gaillard, qui en 1836 éveillèrent la sollicitude de l'Administration départementale et de la Commission des antiquités *(Procès-Verbaux*, I, 238). Dès 1838, cette église fut classée comme monument historique *(Bulletins de la Commission*, I, 71), et comprise l'année suivante par le Conseil général dans l'allocation de 8,000 fr. réservée à ces monuments.

(27) Aujourd'hui toutes ces fenêtres susceptibles d'être ouvertes, l'ont été, et sont ornées de bons vitraux, grâce au zèle de M. l'abbé Morin, curé du Mont-aux-Malades, qui fut l'élève puis le collègue de l'abbé Langlois au Petit-Séminaire. Par ses soins éclairés et infatigables, l'église n'est plus reconnaissable ; en vingt ans elle a été entièrement transformée et est devenue l'une des plus belles du département. Puisse M. Morin achever son œuvre ! Ce n'est que justice d'ajouter qu'à l'envi la générosité des paroissiens, l'appui de l'abbé Cochet et de MM. Gouellain, la sollicitude de la Commission des Antiquités et les allocations du Conseil général ont concouru à cette pieuse restauration.

(28) Cette notice ne fut pas publiée dans la *Revue*, mais bien dans les *Mémoires des Antiquaires de Normandie*, tome XIV (1844-1846).

(29) Comme on le voit par ce qui suit, cette notice parut dans le *Journal de l'Arrondissement du Havre*. Il n'en fut pas fait d'extrait.

(30) La réforme de Saint-Maur, qu'on avait songé à introduire à Valmont vers la fin du XVIIe siècle, y entra en 1753 ou 1754 *(Gallia Christiana*, XI, 279,B.; [SANDRET, l'*Ancienne Eglise de France*, Diocèse de Rouen, p. 57). — L'abbé Lefebvre, nommé plus bas, fut le digne curé de Saint-Sever dont l'abbé Cochet esquissa la biographie (op. 106).

(31) Une autres hypothèse serait de croire que l'église, commencée avec l'intention de la placer sous le vocable d'un autre saint, fut ensuite dédiée à S. Thomas. Mais trouve-t-on d'autres exemples de ce fait ?

(32) Voici le texte de Noel (I, 200) : « C'est sur la grève de cette petite commune que fut poussé par la tempête Thomas, archevêque de Cantorbéry,.. quand il vint chercher un asile en France. »
La *Géographie de la Seine-Inférieure* a enregistré la tradition (*Dieppe*, p. 252), en se demandant si le saint n'aurait pas passé par ce village à son retour en Angleterre. Les traditions, même sus-pectes, si elles sont vraiment anciennes, doivent être notées (comme l'a remarqué D. Lenoir dans son mémoire sur l'*Histoire générale de la Normandie*) parce qu'elles peuvent avoir pour origine quelque fait véritable, plus ou moins altéré.

(33) Ce mot était, en effet, très embarrassant, et d'illustres éru-dits ne l'avaient commenté qu'avec hésitation. M. de Beaurepaire l'a le premier expliqué scientifiquement et d'une façon décisive dans ses *Recherches sur la Population* (p. 23-24).

(34) Mais ne seraient-ils pas suspects d'avoir voulu enlever les applaudissements de leur auditoire, et les suffrages de leurs lec-teurs, en faisant du libéralisme et en glorifiant l'opposition même à l'honneur du clergé ?

(35) *Etretat et ses environs* est la première brochure de l'abbé Cochet, et l'une des plus jolies (*gr. in-8° de 80 pages*, le Havre, 1839). Le document cité ne s'y trouve pas, contrairement à la con-jecture de l'abbé Langlois, laquelle n'est peut être qu'une amicale flatterie.

(36) Il est question ici des *Cachots de la Tour du Havre*, notice de 5 pages in-8°, que l'abbé Cochet avait offerte à la *Revue*. Contrai-rement aux prévisions de l'imprimeur, cette note ne parut qu'en juillet (*second semestre*, p. 19-23), c'est-à-dire deux mois après le mémoire sur Fillastre.

(37) M. Chéruel et l'abbé Langlois étaient hommes à se compren-dre, c'est-à-dire, à s'estimer et à se rendre mutuellement justice. Ce fut l'abbé Langlois qui rendit compte à l'Académie de Rouen (*Précis*, etc; 1851) du *Chronicon triplex et unum*, donné par M. Chéruel, précieuse publication et l'une des meilleures de cette époque. De

son côté, M. Chéruel ne craignait pas dans ses cours du collège de citer l'autorité de l'abbé Langlois ; c'est du moins ce que me racontait un ancien élève de M. Langlois, le jour même où commençait l'impression de ces lettres.

(38) La Faculté fut inaugurée le 14 juillet 1841 dans son local actuel (ancienne salle des Archives de l'archevêché). Il n'y avait d'abord que deux cours, ceux de morale et d'histoire (*Revue de Rouen*, 1841, second sem. p. 61). Le cours de dogme commença au mois de mars suivant (lettre de l'abbé Langlois à l'abbé Cochet, du 24 février 1842).

(39) La notice sur Fillastre a été insérée dans la *Revue* avec un certain nombre de suppressions. La brochure est donc autre chose qu'un simple extrait. D'ailleurs, la justification typographique diffère, et suffirait pour en faire une édition absolument distincte.

(40) Cette annonce ne figure pas dans le numéro cité, ni même dans le volume de cette année.

(41) Le discours demandé ici fut prononcé le 24 mai 1841 à la manufacture de dentelles. Il forme une brochure in-8° de 11 pages (*op.* 8)·

(42) Contrairement aux affirmations de l'école moderne, l'hostilité de l'Eglise au sujet de l'établissement des communes ne fut « ni générale, ni systématique, » a remarqué Gorini (*Voir sa discussion,* vol. IV, p.7-21 ; 3° éd.).

(43) C'est, selon toute apparence, le *Phare de Dieppe,* journal qui parut de 1835 à 1841.

(44) Le récit des fouilles d'Etretat ne fut fait à la Commission que le 12 mai 1842, par l'abbé Cochet lui-même *(Procès-Verbaux,* I, 317). Ses découvertes furent jugées « fort intéressantes. »

(45) La charte latine, que transcrit ici M. Langlois, cite un moulin à vent à Ecrainville en 1252. C'est l'un des plus anciens moulins à vent connus, du moins en Normandie. Ce point historique, alors assez obscur et fautif dans les plus savants écrits, même dans le *Nouveau Traité de diplomatique,* a été supérieurement traité par M. Léopold Delisle (*Etudes sur la classe agricole,* p. 513-517).

(46) L'abbé Moigno avait probablement été nommé dans une des précédentes lettres soit de l'abbé Cochet, soit de M. Langlois. Voici ce qui avait pu occasionner cette mention. « Vers 1840, m'écrivait

l'an dernier M. l'abbé Moigno, j'ai donné au Mont-aux-Malades, en compagnie d'un de mes confrères, une retraite dont j'ai gardé un bon souvenir. »

(47) La *Gazette de Normandie* (première du nom) publiée de 1831 à 1835, eut pour rédacteur en chef la vicomte Walsh.

(48) Article publié dans la *Revue de Rouen*, avril 1838.

(49) La phrase est empruntée d'une lettre de D. Fillastre à Mabillon. Le texte latin cité plus haut : *urbes effusa ad eum adirent*, appartient également à une lettre écrite à D. Ruinart par Fontanini, et reproduite par l'abbé Cochet dans sa *Notice* sur D. Guillaume.

(50) Ce fut M. Deville qui découvrit en 1838 dans le chœur de la cathédrale la statue de Richard Cœur-de-Lion (*Revue de Rouen*, 1838 ; p. 57).

(51) « Secouer le joug des évêques » ne fut jamais permis ni excusable sous aucun prétexte. C'était bien là, selon l'expression de l'abbé Langlois, de la « démagogie cléricale. » Quant aux gros décimateurs, il y avait longtemps qu'ils étaient l'objet des malédictions du peuple et même du clergé des campagnes. On peut voir entre autres preuves l'*Inventaire sommaire des archives*, G. 841-846.

(52) « Jacques Crevel, diacre, dit en cet endroit l'abbé Langlois, remplaça à la Bibliothèque [Michel Heudes, comme commis] depuis 1783 jusqu'à la Révolution. Il est mort curé de Saint-Romain en 1835. Il avait formé une bonne collection de livres qu'il a laissée par son testament au Chapitre de Rouen. Evidemment, ce legs du dernier des bibliothécaires de la Métropole fut un souvenir du passé et un vœu pour l'avenir. Jacques Grevel sera le Pierre Acarie [rénovateur] de la nouvelle Bibliothèque Capitulaire, si un jour on voit reparaître une ombre de cet antique et célèbre établissement littéraire. »

(53) L'*Essai sur le Chapitre* fut achevé et lu avant le mois d'août suivant. Il est divisé en *quatre* chapitres. Dès les premières pages, M. Langlois s'empressa d'y reconnaître que l'abbé Cochet lui avait communiqué une pièce importante.

(54) Cette grande route est la route départementale nº 17, du Havre à Fécamp. Elle existait de Fécamp à Etretat avant 1839 ; mais le classement de la section d'Etretat au Havre qui dessert le Tilleul n'eut lieu qu'en 1842 (*Conseil général*, 1839 ; id., 1842, pp. 50 et 225).

(55) Trois ans plus tard, le 29 décembre 1859, et ainsi presque date pour date, l'abbé Langlois était foudroyé par la mort. Voici les particularités que M. Brianchon mandait à l'abbé Cochet dans sa lettre du 3 janvier 1860, après ce délicieux début, qui est si bien dans la manière exquise de l'historien de Montivilliers et de la jeunesse de Cuvier :

« J'ai votre cœur, vous avez le mien ; que pourrais-je dire qui ne pâlît auprès de ce simple exposé ?... Voici des détails que M. Somménil m'a donnés, et que vous ignorez peut-être.

« Depuis assez longtemps, M. Langlois se plaignait de lassitude, d'épuisement. Mgr lui ordonna le repos, que M. Langlois consentit à prendre sous le toit ami et hospitalier de Madame la comtesse de la Chastre. Le jour même de sa mort il descendit déjeûner avec Madame de la Chastre, M. le curé de Saint-Sever et M. Labrousse. Au déjeûner il fut plus gai qu'à l'ordinaire, mais d'une gaîté qui fut trouvée factice après l'évènement. En sortant de table, il pria M. Labrousse, son confesseur, de monter à sa chambre. Là, il se confessa, puis il écrivit une lettre à la supérieure du couvent de Saint-Joseph. A trois heures une religieuse lui porta de la tisane. Le malheureux abbé Langlois gisait à terre, étendu en avant du foyer, la tête et l'épaule à demi-carbonisés. Les médecins en ont induit que l'apoplexie avait dû être foudroyante, et que les flammes n'avaient atteint qu'un cadavre. Dieu veuille qu'il en ait été ainsi. Je sais combien vous aimiez l'abbé Langlois ; dites-moi comment vous avez supporté cette affreuse nouvelle... »

Un dernier mot, sans lequel il manquerait quelque chose à ces pages : les livres ne sont-ils pas une partie de l'existence des travailleurs ? La bibliothèque de l'abbé Langlois fut vendue à l'encan du 15 au 20 avril 1861, contre sa volonté formelle (il la destinait au Chapitre). Ample et bien choisie, elle comprenait 785 ouvrages principaux. Les enchères n'épargnèrent pas davantage les notes et les manuscrits du savant abbé.

FIN.

ACHEVÉ D'IMPRIMER

LE PREMIER SEPTEMBRE MIL HUIT CENT QUATRE-VINGT

PAR

PAUL LEPRÊTRE ET Cie

IMPRIMEURS A DIEPPE

ACHEVÉ D'IMPRIMER LE PREMIER SEPTEMBRE MIL HUIT CENT QUATRE-VINGT PAR PAUL LEPRÊTRE ET Cie IMPRIMEURS A DIEPPE

9 782329 566320